Prof. Dr. Friedrich Maier Antike – Bildung – Ein Besitz für immer

Friedrich Maier

Antike

Bildung – Ein Besitz für immer

Bd. 2 Dichtung – Botschaften der Phantasie

IDEA

Die Deutsche Bibliothek – CIPEinheitsaufnahme

Maier, Friedrich
Antike – Bildung – ein Besitz für immer
Friedrich Maier – Palsweis, IDEA 2024
ISBN 978-3-98886-009-5

Bibliografische Information der Deutschen Nationalbibliothek:
Die Deutsche Nationalbibliothek verzeichnet diese Publikation in der Deutschen Nationalbibliografie; detaillierte bibliografische Daten sind im Internet über dnb.d-nb.de unter ISBN 978-3-98886-009-5 abrufbar.

Bildnachweise: S. 29 AJ Pics / Alamy Stock Foto; S. 79 Museum Arno Breker/ MARCO-VG, Bonn Hernieuwde toestemming tot afbeelden aan nl:Jos43 verleend op 20.03.07, WIKIMEDIA COMMONS; S. 87 Ausschnitt aus einem Deckenbild von Johann Baptist Zimmermann, Schloss Nymphenburg, München; S. 97 Peter Paul Rubens, Jupiter und Merkur bei Philemon und Baucis; S. 109 A. PAUL WEBER, Das Gerücht 1943/1953, © VG Bild-Kunst, Bonn 2024; S. 112 John Armstrong, Icarus 1939; S. 117 Hans Schilter, Der Sturz des Ikarus, 1957, mit freundlicher Genehmigung der Stiftung Maler Hans Schilter; S. 119 Wolfgang Mattheuer, Sturz des Ikarus II, 1978, © VG Bild-Kunst, Bonn 2024, mit freundlicher Genehmigung von Ketterer Kunst GmbH und Co. KG; S. 133 R. W. Aristoquakes, mit freundlicher Genehmigung der Familie Wiegran; S. 176 Glücksrad der Fortuna, Carmina Burana; Cover Vorderseite Bild oben John Armstrong, Icarus 1939; Bild unten AJ Pics / Alamy Stock Foto; Cover Rückseite Bild oben Büste des Homer, British Museum, London; Bild unten Kopf eines Roboters / KI-Kopf;

Umschlaggestaltung: Mia Design, München

ISBN 978-3-98886-009-5

www.idea-verlag.de

Vorwort

Dichtung zählt zu den tragenden Säulen der europäischen Kultur. Deshalb ist der zweite Band meiner Antike-Trias dieser Gattung der Literatur gewidmet. Es ist wohl der Teil der antiken Texte, der die umfassendste Wirkung auf die Geistes- und Kulturgeschichte des Kontinents und darüber hinaus ausgeübt hat. Diese Wirkmächtigkeit manifestiert sich im Mittelalter, in der Neuzeit und in der Gegenwart. Viele Hochleistungen der Literatur wären, wie sich nachweisen lässt, ohne den Inspirationsquell der Antike nicht zustande gekommen.

Aus der Fülle der antiken Dichtungen sind hier die eindrucksvollsten und schönsten Textstellen aus Großwerken, Einzelgedichte oder Gedichtzyklen vorgestellt und interpretiert, auch unter Berücksichtigung der einschlägigen Sekundärliteratur. Bilder sollen bei einigen Projekten zeigen, wie sehr die Schriftdokumente in anderen Kunstgattungen zu kreativen Leistungen angeregt haben. Auf Beispiele ihrer Rezeption in der Musik, Baukunst oder Bildhauerei wird, wo immer es möglich ist, nachdrücklich verwiesen. Überhaupt ist stets versucht, die besprochenen Stellen in ihrer humanistischen Relevanz für den modernen Leser transparent zu machen. Wer sich für Kultur, eben auch für die antike Kultur interessiert, wird bei der Lektüre auch dieses Bändchens auf seine Kosten kommen.

Die einzelnen Projekte sind jeweils so im Umfang begrenzt angelegt, dass sie in einem Zug gelesen werden können. Auch hier sind wieder – allerdings in geringer Zahl – bestimmte Kerntexte mehrmals zitiert, um die jeweils anstehende Thematik abzurunden und zu vertiefen. Das mag dazu führen, dass sich solche literarische Glanzstellen der antiken Literatur, der Griechen wie der Römer, stärker im Gedächtnis verankern.

Für konstruktive Kritik und sorgfältige Korrektur habe ich wieder meiner Frau Luise Maier zu danken, für ein Sponsorium meinem Freund und Landsmann Dr. Peter Deml.

Inhaltsverzeichnis

Zur Einführung 9

Hauptteil 21

Tränen vor Troja 21
Aussöhnung zwischen Feinden?

Erste Frau im Widerstand? 33
Antigones Tod im Felsengrab

Medeas vernichtender Fluch 41
Der Hass einer »Barbarin«

Der »zweimal verlorene« Dichter 53
Zwischen Catull und Lesbia – Hass und Liebe?

»Das unsterbliche Lied von Liebe und Tod« 71
Ovids Erzählung: »Orpheus und Eurydike«

Menschenhass und Menschenliebe 87
Götter als strafende und lohnende Instanzen

FAMA – »Ein schaurig-gewaltiges Ungeheuer« 103
Aeneas und Didos Liebesakt in Vergils »Aeneis«

Höhen-Rausch und Tiefen-Sturz 112
Ikarus – Symbol des technischen Fortschritts

Die Leiden des »Glückskinds« Horaz 122
»Die Stadt- und Landmaus« – eine Fabel in der Satire

«Vor Neid zerplatzt« 131
Ein Urtrieb, von Martial in Fabel und Satire verspottet

»Wehe dem, der keine Heimat hat!« 138
Antike und Moderne in Gefühlen verbunden

»Bruder Feuer« – »Mutter Erde« 152
Der »Sonnengesang« des Franz v. Assisi

Lebenslust und Schicksalsmacht 165
Die Welt des Mittelalters in den CARMINA BURANA

Nachgedanken 181

Aut prodesse volunt aut delectare poetae.
»Entweder nützen oder unterhalten wollen die Dichter.«
(Horaz, ars poetica v. 333)

Zur Einführung

Nach Erzählungen verlangt der Mensch. Und dies schon seit Urzeiten. Offensichtlich ist in ihm eine Sehnsucht angelegt, die seine rein animalische Triebstruktur übersteigt. Das Hier und Jetzt ist ihm nicht genug. Er wünscht, dass sich sein Horizont weitet. Sein Sinnen und Trachten ist gerichtet auf Akte, Szenarien, Erlebnisabfolgen, die ihn aus der aktuellen Lebenswelt in ferne Sphären versetzen, wo sich Fremdes, Erstaunliches, Zauberhaftes abspielt. Wo sich die Grenzen seines Wissens verschieben, sich bislang unbekannte Vorstellungen vergegenwärtigen, die seine Sinne erhitzen oder gar berauschen, die in ihm als emotionale Impulse der Neugier, der Spannung, auch der ängstlichen Betroffenheit fortwirken. Dieses Verlangen nach Geschichten ist nicht singulär. Es ist ein Gruppenphänomen. Es betrifft alle in der Familie, im Dorf, wohl auch in der größeren Gemeinde, in der Polis.

Überliefert ist, dass sich das, was in frühesten Zeiten erzählt worden ist, örtlich und zeitlich stets verbreitet hat. Die Leute, meist die Stammesältesten, haben es an die folgende Generation weitervermittelt. Es hat jedoch auch schon berufsmäßige »Erzähler« gegeben, die von Stamm zu Stamm herumwandernd ihre Geschichten als Gesang vorgetragen haben, die sog »Rhapsoden« (gebildet aus raptein: *»zusammennähen«* und ode: *»Gesang«*). Ihr Auftritt wurde in der Regel zu einem geselligen Event. Diese »Wandersänger« traten bei Festen und feierlichen Anlässen auf. Sie bedienten sich bei ihrem Vortrag einer geformten Sprache, meist im epischen Hexameter. Was sie zum Besten gaben, also die Inhalte ihrer Gesänge, hatten sie von anderen gehört, aus ihrem Wissen ergänzt oder aus der eigenen Phantasie neu »gemacht«. Insofern waren sie *»Macher«*, *»Poeten«* (gr. poetai).

Die Entdeckung der Schriftlichkeit

Wieso aber wissen wir von dem, was diese *»Berufserzähler«* ihren Hörern mitgeteilt haben? Warum kennen wir den Inhalt der Ilias des Homer? Der bekanntlich sein Großwerk, das erste Epos des Abendlandes, aus vielen Geschichten zu einer in sich schlüssigen großartigen Einheit *»zusammengenäht«* und mündlich vorgetragen hat. In jener frühen Zeit hat sich, so ist überliefert, vor dem Entstehen der ersten Epen – innerhalb des antiken Kulturraums – ein sensationeller Akt der Menschwerdung vollzogen: Die Entdeckung der Schriftlichkeit. Der Mensch hat begonnen, das, was er denkt, sich vorstellt, phantasiert, was er sagt, worüber er mit anderen spricht, in eine von ihm losgelöste dauerhaft verfestigte Form zu bringen. So ist es möglich geworden, Informationen – über Ereignisse oder Erkenntnisse – über Grenzen und Zeiten hinweg zu vermitteln. So dass wir heute noch von Trojas Schicksal wissen, auch von Achilles' Kampf mit Hektor oder Odysseus' Aufenthalt bei der Zauberin Kirke.

Wann und wie gelang dieser Übergang von der Mündlichkeit zur Schriftlichkeit? Man nennt den dabei erreichten Zustand heute *»Literalität«*, also dass Gedachtes oder Gesprochenes durch Zeichen oder Buchstaben (literae/litterae!) so ausgedrückt wurde, dass dies von anderen verstanden und nachvollzogen, also gelesen werden konnte. Wann und wie also hat eine solche Alphabetisierung der Sprache begonnen – und zwar in dem Raum, den man einmal das *»Abendland«* nennen wird? Zu bedenken ist freilich, dass es außerhalb dieses *»Abendlandes«* Kulturräume gab, in denen schon vor mehreren Jahrtausenden Schriftsysteme zur Weitergabe und Archivierung von Informationen und Wissen erfunden worden waren, etwa in Ägypten, Mesopotamien, China und Indien. Die Keilschrift der Babylonier und Assyrer sei nur als Beispiel genannt.

In Griechenland vollzog sich dieses Wunder der Menschwerdung zu Beginn des ersten Jahrtausends v. Chr., und zwar als die älteste europäische Adaptation des phönikischen, konsonantischen Alphabets. Vokale wurden dazu aus der sog. Linear-B-Schrift, einer Silbenschrift der minoischen Kultur, hinzugenommen. Mit dem voll ausgeprägten Alphabet konnten Namen, Warenbezeichnungen, Inschriften, Gebetsformeln, auch kleine Texte gestaltet werden. Dies setzte wiederum die Anleitung zum Lesen und Verstehen voraus – erste Ansätze also zu Lehre und Bildung. Da – zumal bei sakralen Inschriften – auch der ästhetische Aspekt eine Rolle spielte, wurde auf die schöne Gestaltung der Schriftzeichen geachtet. Dabei wurden Tontäfelchen, Steine, Lederstücke, aus Holz bestehendes Material mit Griffel, Meißel oder spitzigen Steinen mehr oder weniger gefällig, lesbar »beschriftet«, *»beritzt«*. Das griechische graphein *(»schreiben«)* hatte ursprünglich die Bedeutung *»ritzen«*.

Wo Erlebnisse, Erfahrungen, Vorstellungen, Fiktionen an interessierte Leser vermittelt wurden, vollzog sich ein erstaunlicher Akt: Sprache wurde in Formen gegossen. Nach und nach prägten sich nämlich bestimmte Literaturformen aus, die auch bestimmten Stilgesetzen gehorchten. Es entstanden über eine längere Zeit hin literarische Formate, in denen der Mensch, was er über sich und die Welt dachte und sagte, schriftlich festhielt. Hier markierte der Übergang von der *»Oralität«* zur *»Literalität«* den Anfang der europäischen Literaturtradition.

Verzauberte Wirklichkeit

Im Prozess der Schöpfung von Literatur hat man eine *»kulturelle Revolution«* (E. A. Havelock, 1982) erkannt, nicht anders als etwa in der Entstehung der Baukunst oder Bildhauerei. Dem Menschen war ab da die Möglichkeit gegeben, auf bestimmte Materialien wie Ton, Holz, Leder, Papyros »verzeichnete« Mitteilungen zu machen, sie anderen zu überbringen zum Zwecke der Information, aber auch zur Unterhaltung. Was sie mitteilten, waren denkwürdige Dinge und Ereignisse der realen Welt, aber auch erdachte Vorkommnisse, Abenteuer, lustige oder gräuliche Geschichten, in denen Elemente des wirklichen Lebens im Kopf des Erzählers mit Phantasie zu etwas Neuem kombiniert und dramatisiert wurden, öfter jedoch im Volk gängige Vorstellungen von göttlichen Wesen, auch von übermenschlichen Helden eine Rolle spielten.

Es war die Welt eines allmählich entstehenden und sich verbreitenden Mythos, mit der die Menschen konfrontiert wurden und an der sie Gefallen fanden. Großartig nämlich waren die gestalteten Szenarien, die sich die Phantasie der vortragenden Männer, der Dichter ausmalte: Kämpfe, Kriege, Siege, Niederlagen, Momente von Liebeslust und Liebesleid, exzessive Ausbrüche von Feindschaft, Hass, Vernichtungswut, doch auch anrührende Momente der Trauer, des Mitgefühls und Trostes. Für die, die davon erfuhren, eine ferne Welt, eine verzauberte Wirklichkeit, doch in ihren Grundzügen eine Spiegelung ihrer eigenen Lebenserfahrung, ihrer existentiellen Befindlichkeit. Die Tragik des Lebens, die sich für jeden einzelnen zwischen Himmel und Erde, der Welt der Götter und der Menschen vollzog, als Inhalt eines kunstvoll gestalteten Schriftwerkes, einer Dichtung. Die anfangs für den Hörer, später für jeden lesefähigen Menschen einzigartige Botschaften der Phantasie enthielt. Die Geburt der Dichtung galt seit je als einer der großartigsten Akte im Prozess der Entstehung der menschlichen Kultur. In all ihren Formen erwies sich Dichtung bislang, wie man heute sagt, *»als ein unschätzbares Gefäß der Erinnerung, der Erkenntnisgewinnung, der Phantasie, der Sinnerfahrung.«*

Die anerkannte Kulturjournalistin Carolin Emcke hat dazu über Dichtung als Teil von Kunst und Kultur einen trefflichen Kommentar verfasst (in SZ vom 29./30. Juli 23: *»Nutzloses Glück«):*

»Kunst und Kultur halten die Räume offen, in denen sich genauer fühlen, genauer sehen, genauer hören, genauer denken lässt, in denen sich aus der eigenen Zeit treten lässt, in denen sich rückwärts und vorwärts suchen lässt nach etwas, das hoffen lässt. Vielleicht hält uns die Kunst nur einen kurzen Moment in ihrem Bann, vielleicht verändert sie uns auf immer. Vielleicht verzaubert sie nur ein einziges Mal. ‹…› Vielleicht wirkt sie über Generationen und Kulturen hinweg. Aber sie ist und bleibt autark und wertvoll.«

»Narrative« in der Digitalen Welt?

Hat der Mensch auch heute noch das Verlangen, aus dem Hier und Jetzt auszubrechen? Sich für einen Moment in ferne Welten, in eine verzauberte Wirklichkeit zu versetzen, sich davon berauschen zu lassen? Braucht er noch Erzählungen, Narrative? Ja. Auf jeden Fall. Die moderne Psychologie erkennt eine urmenschliche Bedingtheit im Streben nach Erzählungen. *»Was der Mensch erlebt und wahrnimmt, was er spürt und empfindet, wird im Narrativ abgebildet, alle erfahrenen Situationen werden in unterschiedlichen Narrativen verarbeitet, zu deren Ordnung und Strukturierung er Mittel braucht, die ihm die Kultur anbietet«* (so die Psychologin Ursula Maier 2023). Seine Neigung, sich mit Erzählungen zu konfrontieren, ist heute geradezu krankhaft. Allerdings will er nicht mehr Geschichten aus dem Munde von Rhapsoden hören, keine Gedichte von den »Poeten«, den »Machern« solcher Geschichten.

Die Neuzeit hat ihm unerschöpfliche Quellen aufgetan, die seine Sehnsucht nach »Erzählungen« zu stillen vermögen: Film, Funk, Fernsehen, Computer-Games. Technische Geräte, die einen mit berauschenden Bildern herausholen aus der Langeweile sowie der Not der Alltäglichkeit und in die Weite der großen Welt, der Städte, Meere und Berge entführen, ja durch Trick und medialem Zauber in intergalaktischen Räumen reisend Abenteuer erleben lassen. »Sciencefiction« ist der Begriff für solcherlei Angebote, wie *»Star Wars«, »Raumschiff Enterprise« oder »Moon Crash«*. Alles Wege zur Flucht aus gefühlter äußerer Enge und innerer Bedrängnis – bei vielen oft mit suchtartigen

Zügen, mit Folgen von Wissensverlust, emotionaler Austrocknung und Selbstentfremdung.

In der unmittelbaren Gegenwart erreicht die »digitale Revolution« ihre vorläufige Höchstform. Der IT-Technologie gelang es, gewissermaßen individualisierte Wege anzulegen, aus der unmittelbaren Wirklichkeit auszubrechen und Neues, ganz Anderes, Künstliches zu »erleben«, an dem sich jeder Einzelne eifrig fasziniert und dauerhaft berauscht, so dass er sich der realen Welt entzieht und in virtuelle Welten entflieht. Das handy, das i-phone, das tablet, der chatbot sind Medien, die eine natürliche Begegnung mit der Welt und der in ihr lebenden Wesen nicht unbedingt sinnvoll, ja eigentlich überflüssig machen. Die virtuelle Welt bietet Geschichten genug, die sich als »Narrative« zur Orientierung und Strukturierung von Gefühlen und Gedanken eignen.

Die kulturelle Transformation

Was sich den vor allem jungen Menschen als Kultur anbietet, ist nicht die in einer unendlichen Vielzahl von Produkten verarbeitete Tradition. Diese unterliegt einem exorbitanten Wandel. Der Prozess, der sich hier vollzieht, wird als *»kulturelle Transformation«* verstanden, an deren Ende der »homo digitalis« als Ergebnis steht. Doch ist dieser *»digitale Mensch«* wirklich der wahre Mensch, jene gefestigte Persönlichkeit, zu der ihn Bildung und Werteerfahrung über eine längere Zeit hin gemacht hat? Der in der Lage ist, Sinnfragen zu stellen.? Zweifel sind angebracht. Der homo digitalis ein *»Zwitter zwischen Mensch und Smartphone«* (Moritz Holfelder, BR24). Ist dieser noch in der Lage, in der sich stets erneuernden Welt, *»in einer technologischen Umbruchphase, vielleicht gar einer Zeitenwende«* (Carsten Könnecker, Hg., Unsere digitale Zukunft, 2017) noch gut und glücklich, auch eigenverantwortlich zu leben? Der *»neue Mensch«* wird ein anderer sein. Je mehr die KI-Forschung den Maschinen-Menschen perfektioniert, desto weniger lang besitzt der Mensch noch seinen göttlichen Herrschaftsauftrag.

Die Roboter, die Geschöpfe der KI, werden zu Herren der Welt. Käme es so, wäre der Mensch in der Tat nur noch Sklave seiner eigenen kreativen Erfolge, eben der *»humanoid robots«*. Wäre das nicht am Ende die Entmenschung des Menschen? Würde er sich noch – frei nach Wolfgang von Goethe (»Urworte – Orphisch«) – *»zu der geprägten Form entwickeln nach dem Gesetz, nach dem er angetreten ist«*? Als *»digitaler Mensch«* wird er nicht mehr – vieles deutet darauf hin – der sein können, auf den ihn die Natur, seine genetischen Bedingungen angelegt haben. Er wird gewissermaßen von seinen *»humanen«* Wurzeln abgeschnitten sein. Auf dem Spiel steht die *»Humanität«* des künftigen Wesens in Menschengestalt, also das *»Menschsein«* schlechthin, das sich im Idealfall zur *»Menschlichkeit«* hin entfalten kann. Das Menschenbild des *homo sapiens* ist radikal in Frage gestellt. Der Experte Christian Montag (Homo digitalis, 2018) dazu:

»Ich stelle mir selber die Frage, ob sich unsere Gattung Homo sapiens durch den ständigen Umgang mit digitalen Welten in seinem Wesen verändert. Wird der Homo sapiens in Zukunft eine noch stärkere Symbiose mit der digitalen Technik eingehen? Und was passiert dann genau? ‹…› Der Transit vom Homo sapiens hin zum Homo digitalis würde eine interessante evolutionäre ›Karriere‹ des modernen Menschen darstellen.«

Bildung – Kontrapunkt gegen den »homo digitalis«

Wer gegen eine solche *»Karriere des modernen Menschen«* Bedenken hat, muss sich wehren. Beizeiten. Principiis obsta! Alle Wissenschaften, die sich ernsthaft mit dieser existentiellen Problematik auseinandersetzen – ob in Studien, Spezialveröffentlichungen oder in Forschungsgremien – sind im Tenor darin einig, dass man der drohenden Entmenschung mit allen Möglichkeiten menschlicher Selbstvergewisserung zu begegnen habe. Gefordert ist die Jugend, deren Bildung sie dazu befähigen sollte, ihr Selbstverständnis in der Neuen Welt der Digitalisierung zu finden und mit Nachdruck zur Geltung zu bringen. Jan Roß hat dafür in seinem Buch »Bildung. Eine Anleitung« (2020) einen bemerkenswerten Weg beschrieben, der auf folgender Analyse der in Gang befindlichen Entwicklung basiert:

»Das sind Aussichten, die unser Menschenbild nachdrücklich in Frage stellen. Nicht in erster Linie, weil wir uns davor ängstigen müssten, dass mit der künstlichen Intelligenz eine neue Evolutionsstufe erreicht und die Herrschaft des homo sapiens durch eine Revolution der entfesselten Apparate gestürzt werden könnte. Sondern weil der denkende, emanzipierte Automat schon rein prinzipiell die Grenze zwischen Materie und Bewusstsein verwischt, weil er eine Definition des Menschseins ins Zwielicht rückt, die auf Vernunftbesitz und Selbstbestimmung gründet.«

Dem Autor geht es darum, den Menschen so zu erhalten, wie er sich seit je selbst verstanden hat: als vernunftbegabt, selbstbestimmt, moralisch wertend, verantwortlich, religiös, emotional bestimmt, politisch-sozial orientiert, geschichtsbewusst. Wenn Gabriel Marcel sagt: *»Wir sind als Lebewesen geboren, Menschen müssen wir erst werden«*, so sind in den angezeigten Eigenschaften die Felder festgelegt, in denen sich die Bildung des künftigen Menschen zu bewähren hat. Alle Bildungskonzepte werden sich darauf ausrichten müssen, wollen sie dem homo sapiens im digitalen Zeitalter die Chance zur Selbstbehauptung belassen. Der *»digitale Mensch«* sollte in der Lage sein, seinen humanoiden Konkurrenten Paroli zu bieten. Niemals war Bildung demnach so sehr gefordert wie künftig in Zeiten der umfassenden Digitalität, der totalen Herrschaft des KI-Menschen.

Dichtung als Bildungsstoff

Dafür plädieren nicht wenige. Am tiefgründigsten Jan Roß. In seinem Buch »Bildung – Eine Anleitung« sieht er im steten und fundierten Umgang mit den tradierten Bildungsgütern die Rettung des Menschseins vor den Gefahren einer digitalen Vereinnahmung. Er nennt auch klar die Kulturbereiche, durch deren Angebote solche Bildung zustande kommt. Seine Worte haben geradezu einen poetischen Klang:

»Mit dem Erbe von Dichtung und Kunst, aber auch von Geschichte, Wissenschaft und Philosophie sind wir von einer Wolke von guten Geistern umgeben – und Bildung bedeutet, das magische Lösungswort zu kennen, mit dem wir diese Geister zum Sprechen bringen und zu Hilfe rufen können.«

Der klassische Philologe weiß, wo diese »guten Geister« zu Hause sind: zu allererst in der Literatur der Antike und in den durch ihre Wirkmächtigkeit geschaffenen Rezeptionen, durch die sich die Kultur Europas und der westlichen Welt im Kern konstituiert hat. Die Geister, die sich von dort zu Hilfe rufen lassen und existentiellen Halt geben, wirken – als Bildungsstoffe materialisiert – gleichsam wie *»Stabilisatoren und Widerlager«* (Leo J.O. Donavan, Zukunft braucht Herkunft, 2000) einer auf Kultur gründenden Bildung. Zu dieser Literatur, *»das größte Archiv der Menschheit«* (Gerd Ürding. Zurück zur Literatur, 2017) zählt ohne Zweifel die Dichtung der griechisch-römischen Antike. Dichtung ist ein Bildungsstoff ersten Ranges. In ihren Texten stößt der Leser auf Schritt und Tritt *»auf die Bedürfnisse, die in den Bedingungen der menschlichen Existenz wurzeln«* (Erich Fromm: Wege aus einer kranken Gesellschaft, 1981). Insofern zählen sie zur Weltliteratur. Wenn die klassischen Fächer ihrem Bildungsauftrag gerecht werden sollen und wollen, sind die ausgewählten Lektüretexte gerade aus der Dichtung in der bestmöglichen Weise zu vermitteln. Dazu bedarf es der Kunst der Interpretation und variabler Methoden der Bearbeitung. Die Literaturdidaktik liefert dafür das Rüstzeug.

Das hier vorgelegte Buch bietet eine Reihe von Interpretationen zu Texten aus verschiedenen Literaturformaten als Leseeinheiten auch unter Einsatz von Dokumenten ihrer Rezeption. Angeboten sind außerdem Lektürearrangements zu vergleichender Betrachtung motivähnlicher Stellen, auch zum Vergleich von Original und Rezeption. Antike und Gegenwart treten sich hier gegenüber. Der Schwerpunkt ist gelegt auf solche Texte, die einen modernen Menschen angehen, ihn vielleicht sogar anrühren. Wo er Ansätze findet zur Identifikation, zur spontanen Einsicht des »Ja-So ist der Mensch!«. Wo die ferne Welt dem Leser ganz unmittelbar nahe an ihn heranrückt. Wo sich durchaus als gültig erweist, was Uvo Hölschers Wort vom »nächsten Fremden« der Antike besagt. *»Die Antike ‹…› ist uns bei aller Ferne eben doch immerhin so nahe, dass sie uns etwas angeht.«* (Michael Sommer: Alle Wege führen nach Rom; 2023).

In der Tat. Gerade in der Dichtung ist von Anfang an der genetische Fußabdruck des Menschen zu erkennen, in schöner Form und Sprache »verschriftet«. Was sich leider in einer Übersetzung kaum angemessen repräsentieren lässt. Es ist wahr: Nur in ihrer künstlerischen »Performance«, also sprach- und akzentgerecht vorgetragen, werden zumal dichterische Texte zu einer existentiellen Erfahrung, zu Anstößen von emotionaler Betroffenheit und begeisterter Teilhabe (vgl. Henneböhl, R.: Odi et Amo. Von der »Scheu« vor dem Existentiellen in der Altphilologie«. In: FC 1/2023). Dichtungen sind in der Geisteswelt und mit der Vorstellungskraft ihrer Schöpfer geboren, in keinem Fall ganz gelöst vom historischen Hintergrund ihrer Entstehungszeit. Je mehr ihnen jedoch diese Loslösung gelingt, desto tiefgründiger wird dieses *»ihr Spiel mit der Wirklichkeit«* (Siegmund Freud: Der Dichter und das Phantasieren, 1907/8), desto phantastischer werden die Inhalte ihrer Produkte. Sie werden in jeder Richtung zu berauschenden »Botschaften der Phantasie«.

Zur Auswahl der Texte:

Als Belege solcher Botschaften sind in diesem Buch fast ausschließlich Texte der weltbekannten europäischen Hochliteratur zusammengestellt und interpretiert, also

- existentiell anrührende Textstellen sowie wirkungsgeschichtlich bedeutsame Episoden aus antiken Epen,
- gestraffte Zusammenfassungen von Tragödien,
- Liebesgedichte,

- Satire und Fabel,
- werkimmanente sowie epochenübergreifende Vergleichs- und Kontrasttexte,
- Hymnen als weltbekannte Dichtungen,
- lateinische Gedichte des Mittelalters

Literaturnachweise:

Donavan, L. J.O.: Zukunft braucht Herkunft. Pennsylvania 2000.

Freud, S.: Der Dichter und das Phantasieren. Wien 1907/8.

Fromm, E.: Wege aus einer kranken Gesellschaft. Frankfurt a.M./Berlin/Wien 1981.

Henneböhl, R.: Odi et Amo. Von der »Scheu« vor dem Existentiellen in der Altphilologie«. In: FC 1/2023.

Künnecker, C. (Hg.): Unsere digitale Zukunft. In welcher Welt wollen wir leben?

Maier, F.: Wider den homo digitalis. Substantielle Bildung als Kontrapunkt. In: FORUM CLASSICUM 3/2022, 213 ff.

Montag, Chr.: Homo digitalis. Smartphones, soziale Netzwerke und das Gehirn. Wiesbaden 2018.

Robinsohn, S.B.: Bildungsreform als Revision des Curriculum. Neuwied/Berlin 1975.

Ross, J.: Bildung. Eine Anleitung. Berlin 2020.

Sommer M.: Alle Wege führen nach Rom. Stuttgart 2022.

Ürding, G./Jürgen Wertheimer (Hg.): Zurück zur Literatur. Bonn 2017.

Hauptteil

Tränen vor Troja

Aussöhnung zwischen Feinden?

»*Zorn*«, »*Groll*«, ein blindwütiger Affekt, steht an der Spitze des ersten Werkes der abendländischen Literatur – einem Kriegsepos nicht unangemessen, das zu tiefst von Emotionen beherrscht wird:

»Den Groll nenne mir, o Göttin, des Pelopssohnes Achilleus,
den verderblichen, der den Achaiern tausendfaches Leid gebracht hat!«

(Homer, Ilias 1, 1 f.)

Das griechische Wort menis bedeutet *»Zorn, Groll, Unwille«*. Die von den meisten Übersetzern verwendete Wiedergabe mit *»Zorn«* ist hier schief, wenn nicht falsch; sie trifft die Wucht und Wirkung der hier genannten Stimmung des Helden nicht annähernd. *»Zorn«* ist eine Emotion, die spontan entflammt, dem Menschen die Röte ins Gesicht treibt, und in Worten, oft auch Taten explodiert, aber nicht lange vorhält, sich wieder legt, sich als seelische Erregung wieder abkühlt. *»Groll«* dagegen meint eine Verbitterung, die sich in der Seele des Menschen festsetzt, andauert – meist über Tage, ja Jahre hin. Sie versetzt den Betroffenen in eine Gefühlstarre, die ihn lähmt, den Willen raubt. Und sie assoziiert sich mit anderen Negativgefühlen, ganz und gar nicht ohne Folgen für die Übrigen, die Mitwelt. Achills Groll bringt, wie in v. 2 gesagt, tausendfaches Leid über die Achäer, also seine griechischen Landsleute, mit denen er in den Krieg gezogen ist.

Warum grollt Achill? Warum sitzt er wie gelähmt in seinem Zelt, das in Kleinasien am Strand der Ägäis dicht vor den Toren Trojas aufgeschlagen ist? Hier kämpfen die Griechen bereits im zehnten Jahr mit den Bewohnern der Stadt – vergeblich gegen deren Tore und Mauern anstürmend. Agamemnon, einer der beiden Heerführer der Griechen, hat Achill seine Lieblingssklavin Briseis genommen, eine von diesem erbeutete Königstochter, die er vielleicht sogar zur Frau nehmen will. Die Wut über diesen Akt, den er als Unrecht empfindet, zwingt ihn dazu, die Teilnahme am Kampf zu verweigern. Der stärkste und tapferste Held nimmt am Entscheidungskampf um die asiatische Festung nicht teil. Stattdessen sitzt er stur und starr in seinem Zelt, eben grollend Jahre lang. Die Mitkrieger fallen reihenweise oder leiden an ihren Verwundungen. Der Kriegszug gegen Troja ist kurz vor dem Misslingen. Menelaos, der Bruder des Agamemnon, wird seine Frau Helena, die ihm vom trojanischen Königssohn Paris geraubt worden war, nicht »zurückerobern«.

Doch da greifen höchstpersönlich die Götter ein, jene Mächte, die vom Olymp herab alles irdische Geschehen steuern, selbst miteinander in Konflikt, die einen auf der Seite der Griechen, die anderen auf der der Trojaner stehend. Hera hatte Zeus, ihren Gemahl, der den Trojanern gewogen, in Schlaf versetzen lassen. Nun kann sie ihren Freunden, den Griechen zur Seite treten – über Patroklos, Achills besten Freund. Der macht sich an Achill heran – dieser hat bereits den weisen Nestor und seinen Berater Phönix, die ihn zum Kampfeinsatz rieten, abblitzen lassen – und will seinen Freund dazu gewinnen, wenigstens ihn mit den Waffen des Freundes den arg bedrohten Landsleuten helfen zu lassen. Patroklos überfährt seinen Freund mit bittersten Vorwürfen. Er nennt ihn grausam, starr und gefühllos. Wörtlich schreit er:

> *»Niemals ergreife mich ein solcher Hass, wie du ihn hegst!«*
>
> *(Ilias 16, 30)*

Der hier stehende gr. Begriff cholos steht in der Bedeutung menis nahe, ist aber weiter gefasst, zu verstehen als *»Hass, Wut, Zorn, Groll«*, der aus der bitteren *»Galle«* aufsteigt und von daher sein ganzes Wesen

»versäuert«. Der Held – nichts als eine von Emotionen aufgeladene Gestalt? Zeigt er sich von diesen harten Anwürfen – wissend um die drohende Niederlage der Griechen – betroffen, zum Umdenken bereit? Auf die Kränkung, die ihm Agamemnon angetan, bezogen spricht er innerlich doch ergriffen einen bemerkenswerten Satz – zumal er bereits die Schiffe der Seinen von den Trojanern bedroht sieht. Was er sagt, lässt tiefer in den Menschen Achill schauen:

> *»Es lag mir doch fern, unablässig von Hass und Groll*
> *im Herzen erfasst zu bleiben.* (*Ilias, 16, 60 f.*)

Wieder ist ein von cholos (*»Galle«*) abgeleitetes Wort gewählt: *»in den Sinnen, im Inneren von diesem gallebitteren Affekt beherrscht zu sein«*. Dem Dichter kommt es offensichtlich darauf an, auch hier schon den Blick in Achills seelische Tiefe zu lenken, in einen Raum der Person, der sich bald als Zentrum einer massiv das Handeln des Helden leitenden Emotionalität erweisen soll. Achill treiben seine Gefühle dazu, dass er Patroklos sich mit seinen Waffen in die Schlacht stürzen lässt. Taten geschehen durch Impulse des Herzens. Und dieses Herz erlebt auch deren Folgen.

Achills tobender Wahn

Aus der Ferne hört Achill, wie der Kampf hin und her wogt. Bald erreicht ihn die Nachricht, dass Patroklos von Hektors Speer tödlich getroffen worden ist – unter Mithilfe von Zeus' Kumpan Apollo – und wie man sich daran macht, seinen Leichnam auf übelste Weise zu schänden und den Hunden zum Fraß vorzuwerfen. Achill reagiert, in seinem Innersten wie von einem Schlag getroffen. Im Zentrum seiner Gefühle, dort wo sein Groll sitzt, bricht sich ein engstens damit verbundener Affekt Bahn, der *»tobende Wahn«*, der aus sich die Rache gebiert. Mit menis hängt sprachgeschichtlich das hier verwendete Verb mainesthai (*»toben, rasen, wahnsinnig sein«*) zusammen. mania ist *»die wütende Raserei«*. Lateinisch steht dafür furor. Achill wird zum leibhaftig gewordenen Furor. Er stürzt sich wild und blind wütend in den

Kampf. Sein Groll ist in Rachsucht umgeschlagen, in den Affekt, der ihn ab jetzt einzig beherrscht – so mutet es den Leser an, der weite Strecken des darauf folgenden Originaltextes liest.

»Die letzte und schlimmste Schlacht der Ilias« (Albin Lesky) wird von Achills Rachsucht dominiert. Es kommt zu Exzessen von bestialischer Grausamkeit. Der Krieg zeigt sein unmenschliches Gesicht, mit harten Zügen, die umso härter werden, je mehr sich das Schlachtgeschehen zu einem Zweikampf der beiden Hauptthelden Achill und Hektor, dem Anführer der Trojaner, verdichtet. Der Grieche kämpft sich blutrünstig durch die Reihen der Gegner, wütend *»wie ein Waldbrand im dürren Gehölz«*. Den Fluss Skamander in der Nähe der Stadt füllt er mit Leichen. Wie von Sinnen fängt er zwölf junge Männer gleichsam als Opfer für den verlorenen Freund. Darunter Lykaon, einen der Söhne des trojanische Königs Priamos. Der fleht ihn an, geschlagen am Boden liegend:

> *»Flehend umfass' ich dein Knie, halt ein und erbarme dich meiner!*
> *Um Schutz flehe ich, Göttlicher, achte doch dieses mein Recht!«*
>
> *(Ilias 21, 74 f.)*

Doch vergeblich sein Flehen um Gnade. Mitleidlos schlachtet Achill den Königssohn ab mit den anderen. Das Gemetzel ist von so elementarer Wildheit, dass die Trojaner entsetzt in die Stadt zurückfliehen. Nur Hektor bleibt – trotz aller Bitten der Eltern Priamos und Hekabe außerhalb der Tore. Vor diesen kommt es zum Kampf der Protagonisten. Das Geschehen gerät zu einem an Dramatik nicht mehr zu überbietenden Zweikampf. Wobei sich Zug um Zug ein Szenarium von tiefgreifender Emotionalität entwickelt. Achill stürmt los wie entfesselt – und todesmutig, weiß er doch aus göttlichem Munde, dass auch er sterben werde. Wie reagiert Hektor beim Ansturm des Rasenden? Er rennt davon. Der Grieche verfolgt ihn, jagt ihn dreimal um die Mauern der Stadt. Warum stellt sich der Trojaner nicht zum Kampf? Weil die Götter es so gewollt? Weil er die Überlegenheit des

Anderen einsieht? Oder liegt der Grund tiefer im dramaturgischen Arrangement?

Gelingt es dem Dichter etwa auf solche Weise wirkungsvoller, Hektor in der Position des Unterlegenen vorzuführen, wo er der Vernichtungswut seines Verfolgers brutalst ausgeliefert erscheint? Als sich nämlich Hektor endlich zum Kampf stellt, wird er von Achills Lanze durchbohrt. *»Im Racherausch, der ihn sich selbst entfremdet«* (Joachim Latacz) kennt er kein Maß mehr. Dem Sterbenden versagt er die Bitte, seinen Leichnam den Eltern auszuliefern. Eindringlicher kann eine letzte Bitte nicht sein:

> *»Flehend beschwör ich beim Leben dich hier, deinen Knien und Eltern.*
> *Lass die achaiischen Hunde mich nicht bei den Schiffen zerreißen,*
> *sondern … gib meinen Leib zurück, auf dass in der Heimat*
> *Trojas Männer und Frauen den Toten in Ehren verbrennen!«*
>
> *(Ilias, 22, 338 ff. Ü.: Hans Rupe)*

Eiskalt überhört Achill diese Bitte. Er bindet den Toten an seinen Wagen und schleift ihn zu den Schiffen. Der vernichtete Feind wird aufs Übelste geschändet. In der Stadt, oben auf der Königsburg herrschen Entsetzen, Jammer und Trauer. Achills Rachsucht ist nicht gestillt. Der Held, gleichsam der personifizierte Rachegeist, schleift Hektors Leiche dreimal um das Grab des Patroklos, und zwar zwölf Tage lang. Am Ende liegt sie da, den Hunden und Vögeln zum Fraß. In der Schändung der Leiche zeigt sich Achills unmenschliche Verhärtung; darin gipfelt seine *»unglaubliche Unmenschlichkeit«* (Thomas A. Szlezak).

Begegnung der Todfeinde

Vor dem Hintergrund dieses Grauens geschieht – gewiss auch wieder von höheren Mächten gefügt – mitten im Krieg ein Ereignis von denkwürdiger, ja weltgeschichtlicher Bedeutung. Priamos hat mit Hektor seinen letzten Sohn verloren. Der gedemütigte König von Troja, der leidgeprüfte Vater, der Niederlage seiner Stadt nahe, lässt sich des Nachts auf dem Wagen außer die Mauern Trojas zu den Belagerern fahren und schleppt sich in das Zelt des Achill. Dort kommt es zur Begegnung der Todfeinde. Der greise Priamos erfleht auf die Knie niedergesunken und Achills Hände küssend die Herausgabe des toten Sohnes, er will ihm die Ehre der Bestattung erweisen. Nach festverwurzeltem Glauben hat die »*Schattenseele*« (psyche) eines Unbestatteten keinen Zugang zum Hades, sie irrt davor umher, ohne Ende. Als Achill den Alten vor sich auf den Knien sieht, staunt er wie alle, die anwesend sind. Priamos aber richtet nun flehend an den feindlichen Held die Worte:

»Denk an den eigenen Vater, du göttergleicher Pelide,
der, gleich mir, schon steht an der traurigen Schwelle des Alters.
‹…›
Gewiss doch, sobald dieser nur hört, du seist am Leben,
freut er sich innig im Herzen und hofft von Tage zu Tage,
endlich den teuersten Sohn aus Troja kommen zu sehen.
Mich aber schlug das Geschick; denn ich zeugte die edelsten Söhne
rings in Troja, und keiner davon ist übriggeblieben.
‹…›
Vielen davon hat der wütende Kriegsgott die Glieder gelöst.
Doch der mein einziger Sohn war, der allein die Stadt mir beschützte,
diesen erschlugst du mir jüngst, als er kämpfte fürs Land seiner
Väter, Hektor. Seinetwegen bin ich zu den Schiffen gekommen,
los ihn zu kaufen mit unermesslichen Gaben.
Scheue dich doch vor den Göttern, Achilleus, erbarme dich meiner,
immer des Vaters gedenk; doch verdien ich noch größeres Mitleid!
Denn ich dulde, was nie noch ein Mensch auf Erden erduldet,
dass ich die Hände des Mannes, der die Söhne mir mordete, küsste.«

(Ilias, 24, 485-506 m.A. – Ü.: Rupe)

Priamos trifft in Achill eine weiche Stelle, da er an Peleus, seinen eigenen Vater, erinnert wird, dem er doch, wie ihm beschieden, nicht mehr lebend begegnen, der also ähnliches Leid wie der greise König vor ihm erdulden wird. Er fasst Priamos bei der Hand und beiden kommen die Tränen, der eine weint um seinen Sohn, der andere um seinen Vater, dem ja bald auch sein Sohn verloren geht. In der gemeinsamen Trauer bricht der Bann. Achill springt vom Sessel empor und zieht Primos in die Höhe, *»tief sich erbarmend des weißen Haupts und des weißen Kinnes«* (516). Am Helden kehrt sich unerwartet eine ganz andere Seite hervor. Er spricht den Alten an:

> *»Ärmster, was hast du alles schon erdulden müssen im Herzen! Welch ein Wagnis, allein zu den Danaerschiffen zu gehen, hier vor die Augen des Mannes, der dir so viele und edle Söhne gemordet doch hat! Dein Herz ist wirklich aus Eisen. Komm und setz dich her auf den Sessel! Wir wollen vor allem ruhen lassen, so traurig wir sind, im Herzen die Sorgen.* *(Ilias 24, 518-523 Ü: Rupe)*

»Achill erkennt im Schicksal des Königs der Feinde das Los des eigenen Vaters, der ihn nicht wiedersehen wird. ‹…›. Die gemeinsame Emotion wird zur gemeinsamen Erkenntnis der Gleichheit der Menschen im Leid.« (Szlezak). Die seelische Erregung lässt eine solche Reaktion zu, wofür auch die dichte Verwendung von Wörtern sprechen, die den Innenraum des Menschen bezeichnen: zweimal thymos *(»Herz«, »Seele«, »Gemütslage«)* und ätor *(»Herz«, »seelische Erregung«). »In der Tat kommt es hier für Momente zu einem tieferen menschlichen Verstehen der beiden Gegner, die sich in ihrer Menschenwürde als Leidens- und Schicksalspartner anerkennen«* (Günter Dietz, 2000).

Im Zustand, in dem sich im Helden sein Groll und Zorn, seine gallische Verbitterung und Wut in einen Racherausch von nicht mehr zu überbietenden Bestialität entlädt, geschieht ein spontaner Umschwung seiner Gefühle. Ein emotionaler Wandel, fast unvorstellbar und kaum mit der Realität eines Krieges in Einklang zu bringen. Der rachsüchtige Held wird menschlich. Ist das der Welt des homerischen Epos geschuldet? Oder ist solches in der Zeit, als die Verse der Ilias entstanden und niedergeschrieben wurden, wohl schon vor dem 8. Jh.

v. Chr., eine mögliche Verhaltensdisposition eines Menschen, gar des Anführers eines Heeres? Wie kommt der Dichter Homer dazu, am Ende seines 24 Bücher umfassenden Großwerkes eine derart erstaunliche, sicher auch für Hörer oder Leser von damals großartige, freilich unerwartete Lösung anzubieten? Die Ilias umfasst von den zehn Kriegsjahren nur 59 Tage. Das hat zwangsläufig zur Folge, dass über weite Strecken hin die Vorgänge im Inneren der handelnden Gestalten ausgeleuchtet werden. Wofür gerade die Reden im Für und Wider der Gegner das ausdrucksstarke poetische Instrumentarium darstellen.

Homer weiß offensichtlich um das Gute und Böse im Menschen. Und er hat entdeckt, dass es in den seelischen Abgründen selbst eines fürchterlich grausamen Kriegers eine helle Nische menschlicher Regung gibt, wo Mitgefühl, Mitleid, Erbarmen wach werden, und die Bereitschaft, – entgegen dem eingefleischten Drang nach Mord und Vernichtung – Achtung und Ehrfurcht zu zeigen, Trost und Hilfe zu bieten. Achill ist fähig geworden zu Verständnis, zu Milde und zu Versöhnung. Es ist der Zustand der »Hikesie«, dass jemand – vor ihm erniedrigt – flehend etwas erbittet (wie Schutz, Hilfe, Gnade), der in ihm so etwas wie moralisches Empfinden wach ruft. Der Grieche erfüllt dem greisen König seinen sehnlichsten Wunsch, ja hilft mit, den Leichnam zu bergen. Er lässt seine Mägde den im Dreck liegenden Toten waschen und salben und hebt ihn dann selbst mit auf den Wagen, so dass ihn sein Vater in die Stadt zurückbringen und ihn würdig begraben kann. Mit dieser *»menschlichen Aussöhnung zwischen den Feinden«* (Szlezak) endet die »Ilias«, nicht aber der Trojanische Krieg. Erfasst ist nur ein momentaner Stillstand im mörderischen Geschehen im Kampf um Troja, in der Vernichtung einer Stadt, seiner Herrscherfamilie und seiner Bewohner. Das nach Odysseus' listigem Plan erbaute riesige Pferd aus Holz spielte dabei die entscheidende Rolle.

Humanität im Krieg?

Welche Absicht liegt aber dieser Komposition des Schlussdialoges zwischen Achill und Priamos zugrunde, die – auf der Ebene der Ge-

fühle – den dramatischen Höhepunkt des Epos markiert? Warum zeigt der *»unglaublich unmenschliche«* Achill auf einmal so menschliche Züge. Ist die *»Milde«* tatsächlich in seinem Wesen als Mensch verankert? Oder handelt er nur, weil es ihm von den Göttern durch Vermittlung seiner Mutter Thetis geboten worden ist? Ist die Rückgabe des Leichnams gar nicht seine freie Entscheidung? In einer Welt, in der von den Höhen des Himmels herab die Vorgänge auf Erden gesteuert werden, bleibt dem freien Willen des Menschen womöglich kein Spielraum. Doch gilt es zu bedenken: Auch wenn ein Gott eine Entscheidung anregt, ist doch die Entscheidung die des Menschen selbst. Der Mensch erscheint immer auch als *»unbewusster Mitgestalter seines Schicksals«* (Werner Jäger). Die mit höchster Eindringlichkeit geschilderte Begegnung zwischen Achill und Priamos, ihr gemeinsamer Schmerz wegen des Vaters bzw. des Sohnes, lassen spüren, dass der griechische Held hier letztlich aus eigenem Antrieb handelt. Es liegt in seiner persönlichen Verantwortung, dass er den Todfeind achtet und für den Toten die letzte Ehre zulässt.

In der Begegnung der beiden Kriegsmänner, die unter Tränen zu wechselseitigem Verständnis und gemeinsamem Handeln gelangen, geschieht Einmaliges. Wie ein hell aufflammender Funke im Dunkel von exzessiver Bestialität und menschenverachtender Mordlust trifft hier Menschlichkeit als Wert die Sinne des Lesers. Erstmals in der Literatur des Abendlandes. Eine tiefer im Boden der Alten Welt liegende Stelle ist für diesen Befund nicht auszugraben. Die Frage stellt sich zwangsläufig: Sind Krieg und Menschlichkeit überhaupt vereinbare Größen? Das Szenario des Ilias-Endes deutet darauf eine positive Antwort an. In diesem zauberhaften Moment der Geschichte – man schreibt ihm *»die Entdeckung der Menschlichkeit«* zu, ereignet sich in der Fiktion der Dichtung, in der Phantasie des Dichters Wunderbares. Ob dieses für den westlichen Kulturkreis wegweisend und, wie Thomas Szlezak meint, von *»grundlegend humaner Bedeutung«* ist, mag freilich fragwürdig erscheinen.

Das römische Gegenmodell

Die »Ilias« hat in Vergils »Aeneis« ihre römische Ausgabe erfahren – fast ein Jahrtausend später, wenn man von der Zeit ausgeht, in der sich das Geschehen im griechischen Epos abspielt. Auch hier herrscht Krieg – in Hesperien, auf dem Boden Italiens. In diesem begegnen sich am Ende des Werkes Aeneas und Turnus, der eine in der Rolle des Achill, der andere in der des Hektor. Aeneas führt seine mit ihm aus Troja geflüchteten Landsleute in eine neue Heimat. Turnus, der Anführer der Latiner, verteidigt die Heimat der Seinen. Im Zweikampf streckt der Ankömmling den einheimischen Gegner nieder. Dieser bittet ihn inständig um Gnade. Doch Aeneas schickt ihn unerbittlich und erbarmungslos in das Reich der Schatten. Trotz eines in seinem Kopf fest verankerten Gebotes, das ihm sein Vater Anchises in der Unterwelt erteilt hatte, *»Unterworfene zu schonen«,* also im Kampf Bezwungene und um Gnade Flehende nicht zu töten. Der Held Aeneas kennt nur Rache – sein Freund Pallas war kurz zuvor von Turnus vernichtet worden – und stürzt sich *»von den Furien zornentflammt und schrecklich in seiner Wut«* (*furiis accensus et ira terribilis*) auf den Wehrlosen.

»Also wütend stößt er tief sein Schwert in die Brust ihm.
Dem aber lösen sich in tödlicher Kälte kraftlos die Glieder.
Und unter Stöhnen flieht das Leben empört hinab zu den Schatten.«

(Aeneis, XII 950 ff.)

So endet die »Aeneis« – mit der Empörung des tödlich getroffenen Helden. Kein Akt der Versöhnung, nur die bestialische Tat ist der letzte Eindruck, der dem Leser des Werkes bleibt. Nicht eine Spur von Menschlichkeit deutet sich an, wie wohl in der Mahnung zur Schonung Besiegter die Möglichkeit einer humanen Lösung angelegt ist. Warum? Aeneas handelt nicht als frei entscheidende Person. Er ist vom Schicksal dazu angehalten, in Rom das neue Troja zu gründen. Der heroische Held des römischen Nationalepos präfiguriert den Kaiser Augustus (dazu Werner Suerbaum, Das Ende der Aeneis, 1981). Er steht in der Pflicht einer nationalen Idee. Aeneas ist eine ideologisch gesteuerte Gestalt. Er muss so handeln – vorbestimmt. Er ist ein tragisch unmenschlicher Held. Im Krieg um die Macht darf kein Führer menschlich sein. Römische Herrschaftsideologie und Menschlichkeit vertragen sich nicht. In der Welt von Homers »Ilias« gewinnt Menschlichkeit als Wert erstmals eine erstaunliche Leuchtkraft. Doch die römische Welt lässt ihn um die Zeitenwende ins Dunkel versinken. Die Struktur des letzten Satzes der »Aeneis« ist so angelegt, dass das Werk mit *»*ad umbras*«* endet, *»hinab zu den Schatten«,* die die Unterwelt in Finsternis tauchen. Ein signifikanter Befund. Um »Menschlichkeit« als den Grundwert der westlichen Kultur legt sich schon bei den Römern die düstere Atmosphäre der Fragwürdigkeit. Ein Status, der ihm über die Jahrtausende hinweg bis in unsere Zeit geblieben ist. Eine bittere Wahrheit der Antike, die zeitenübergreifend ihre Gültigkeit bewiesen hat. Imperialismus ist von Grund auf und von seinen Anfängen her unmenschlich.

Literaturhinweise:

Dietz, G.: Menschenwürde bei Homer, Heidelberg 2000.

Jaeger, W.: Paideia Bd. 1. Berlin 1959.

Latacz, J.: Homer. Der erste Dichter des Abendlandes. Berlin 2003.

Maier, F.: Imperium. Von Augustus zum Algorithmus – Geschichte einer Ideologie. Bad Driburg 2019.

Rupe, H.: Homer: Ilias (Übersetzung). Ernst Heimeran Verlag. München. 2. Auflage 1961.

Szlezak, Th. A.: Homer oder die Geburt der abendländischen Dichtung. München 2012.

Suerbaum, W.: Das Ende der Aeneis. In: Vergil Aeneis. AUXILIA Bd.3. Bamberg 1981.

Vergil und der Friede des Augustus. In: Klios und Kalliopes Diensten (hg. v. Leidl Chr. und Döpp, S.). Bamberg 1993.

Erste Frau im Widerstand?

Antigones Tod im Felsengrab

»Wenn von einer Frau, sei es im Guten, sei es im Bösen, unter Männern wenig gesprochen wird, so ist das ihr höchster Ruhm.« *(Thukydides, Historien 2, 45, 15)*

Dieser Satz steht nahe dem Schluss von Perikles' Lobrede auf die Demokratie, die der griechische Historiker Thukydides in seinen Historien überliefert hat. Kurz zuvor hat er vom heldischen Tod der im ersten Jahr des Peloponnesischen Krieges gefallenen Männer gesprochen. Dann aber bringt er das Frauenbild der klassischen Antike auf den Punkt. Die Frau darf kein Aufsehen erregen. Sie gehört ins Haus. Zur politischen Bühne hat sie keinen Zugang. Ein Held darf sie schon gar nicht sein. Im griechischen Mythos jedoch haben Frauengestalten Rang und Namen. Ein Paradoxon gewiss. Warum? Man hat darauf Antworten zu geben versucht. Weil es dort Gottheiten sind, über die Ebene des realen Lebens hinausgehobene Wesen, Fiktionen, die der menschlichen Phantasie entsprungen, vielleicht sogar aus ihrer stillen Sehnsucht hervorgegangen sind. In den Schöpfungen der Kunst wie in den Skulpturen, in den Reliefs, auf den bemalten Vasen und Schalen sind solche mythischen Vorstellungen ins Bild gebracht. Mit vollem Selbstbewusstsein und Eigenwillen aber tritt die phantasievoll figurierte Frau in der Literatur auf, in der Komödie und zu allererst in der Tragödie.

Antigone ist dafür das Muster schlechthin. Die Tragödie, die Sophokles über sie verfasst hatte, wurde 441 v Chr. aufgeführt. Zehn Jahre später hat Perikles den oben zitierten Satz geschrieben. Wie muss das Publikum im Rund des Dionysos-Theaters am Fuß der Akropolis dieses Schauspiel aufgenommen haben? Athen erlebte damals den Höhepunkt der ersten Demokratie. War sie ein politisches Ordnungsmodell, das einen passenden Resonanzraum für ein solches Bühnenstück abgab? Wo die Bürger in Freiheit ihr Urteil bekunden konnten? Was in diesem Drama auf der Bühne geschieht, mutet einen wie ein Kriminalfall an – mitten in der Welt des Mythos – innerhalb des sog. Thebanischen Sagenkreises.

Antigones mutige Tat

Die Stadt Theben steht im Zentrum. Dort hat Ödipus nach dem Ende seiner Herrschaft vier Kinder hinterlassen, zwei männliche und zwei weibliche. Die beiden Männer sollen alljährlich im Machtbesitz wechseln. Der ohne Herrschaft soll jeweils die Stadt verlassen. Eteokles, der ältere, herrscht als erster, übergibt aber nach einem Jahr das Szepter – machtbesessen – nicht an den Bruder. Der versucht sein Recht durch Kampf und Krieg zu erstreiten. Er zieht außerhalb Thebens ein Heer zusammen und führt es gegen seine Heimatstadt. Vor einem der Stadttore kommt es zum Zweikampf der Brüder. Eteokles und Polyneikes sterben. Kreon, der Onkel der Ödipus-Kinder, übernimmt die Macht. Er ordnet eine feierliche Bestattung für Eteokles an, nicht aber für Polyneikes, weil dieser die Stadt feindlich angegriffen habe. Der König erlässt sogar eine *»Verlautbarung«*, einen *»Erlass«*, ein *»Dekret«*, wodurch bei Strafe des Todes die letzte Ehre für den jüngeren Bruder verboten wird. Ein Willkürakt, der gegen alle Tradition verstößt.

Ab hier wird das Geschehen zu einem Kriminalfall und Rechtsstreit. Antigone will es nicht ertragen, dass ihr Bruder ohne Begräbnis und den Hunden zum Fraß vor den Toren der Stadt liegt. Sie fasst deshalb – im Gegensatz zu ihrer vorsichtigen und ängstlichen Schwester Ismene – den Entschluss, Polyneikes nachts mit einer Handvoll Erde zu bedecken, sie wiederholt den Akt sogar nochmals. Lauernde Wächter greifen sie auf und bringen sie vor König Kreon. Es kommt zwischen beiden zu einem Streit der Worte, einem Dialog, wie er längst aus

Homer bekannt ist. Hier freilich entwickelt sich dieser zu einem hochdramatischen Szenario. Scharf und kompromisslos ist die Auseinandersetzung, der zeitlos gültige Züge eigen sind. Zumal in die Wechselrede ein langer Monolog eingefügt ist, als stünde die Angeklagte vor einem Richtertribunal.

> **Kreon:** »*Sprich denn, die du das Haupt zu Boden niederbeugst:*
> *Bekennst du oder leugnest du, dass du's getan?*«
> **Antigone**: »*Ja, ich bekenne, dass ich's tat, und leugne nicht.*«
> **Kreon:** »*Du sagst mir ohne Umschweif, sondern kurz:*
> »*Du wusstest, dass geboten war, das nicht zu tun?*«
> **Antigone**: »*Ich wusst's. Wie sollt' ich nicht?*
> *Es ward ja deutlich kund.*«
> **Kreon:** »*Und wagtest doch, zu übertreten das Gebot?*«
> **Antigone:** »*Es war ja Zeus nicht, der es mir verkündet hat.*
> *Noch hat die Gottheit, die den Toten Recht erteilt,*
> *je für die Menschen solche Satzungen bestimmt.*
> *Auch glaube ich, soviel vermöchte kein Befehl*
> *von dir, um ungeschriebene, ewige, göttliche*
> *Gesetze zu überrennen als ein Sterblicher.*
> *Denn nicht von heute und gestern, sondern immerdar*
> *bestehn sie: niemand weiß, woher sie gekommen sind.*
> *Aus Furcht vor eines Menschen Willen wollt ich mich*
> *am Recht der Götter nicht vergehn; ich wusste ja,*
> *dass ich einst sterben werde, – warum sollt' ich nicht? –*
> *hättest du's auch nicht vorher verkündet, doch wenn ich*
> *nun vor der Zeit schon sterbe, nenn' ich's nur Gewinn.*
> *Denn wer wie ich in mannigfachem Leide lebt,*
> *wie trüge der im Tode nicht Gewinn davon?*«
> *Drum ist es mir nicht schmerzlich, dass dies Schicksal,*
> *jetzt mich trifft. Doch litte ich's, dass meiner Mutter Sohn*
> *als unbegrabner Leichnam draußen liegenbleibt,*
> *das schmerzte mich; doch dies hier macht mir keinen Schmerz.*«
>
> *(Ant. 450-468 Ü. W.Willige/K.Bayer)*

Macht gegen Moral

Da stellt sich das Mädchen, eine Prinzessin gewiss, gegen die Autorität des Machthabers. Göttliches Recht gegen menschliches Gebot. Antigones Widerspruch geben Zeus und die ungeschriebenen Gesetze der Götter Kraft und Rückhalt. Nach dieser Apologie des Mädchens, das sich auf die höchste Instanz beruft, setzt sich das Streitgespräch fort. Kreon wirft Antigone Starrsinn, Frevel, Hybris, das Übersteigen allen Maßes vor. Doch wie sich Stahl zersplittern lasse, werde auch ihr Wille, so Kreon, gebrochen. Das Mädchen wehrt sich hartnäckig und standhaft. Antigone der personifizierte Widerstand. Es sei doch nicht schändlich, so ihr Statement, einen Blutsverwandten im Tode zu ehren.

Der König, der auch ihre Schwester Ismene als Mitwisserin vernichten will, lehnt jede Rechtfertigung ihrerseits ab. Das grausame Verbot, das er erlassen hat, gilt. Er verschärft es. Den »*Feind des Landes*« nicht zu ehren, sondern zu verachten, ihm auch im Tod nicht Freund zu sein, sei Antigones Pflicht. Diese jedoch bleibt unerbittlich hart, härter als Stahl. Sie weiß sich nur dem seit Urzeiten geltenden und durch die Tradition gefestigten Gebot verpflichtet, einen Toten nicht unbegraben liegen zu lassen, weil seine ruhelose Seele sonst nicht in den Hades Eingang findet. Am Ende schleudert sie deshalb dem Herrscher die Worte entgegen, die einmal zu einem »*Leitwort abendländischer Humanität*« werden sollten:

> *»Doch nicht mit zu hassen, mit zu lieben bin ich da.«* *(Ant. 523)*

Von diesem Punkt an läuft das Drama auf seinen erschütternden Höhepunkt zu. Haimon, der Sohn Kreons und der Verlobte Antigones, betritt die Bühne und gerät mit dem Vater in heftigsten Streit. Dessen Fürsprache für das Mädchen quittiert der König mit dem Vorwurf, er sei verrucht und schändlich, einem kranken Weibe unterworfen. Auch Haimons Drohung, er werde mit der Angeklagten in den Tod gehen, hemmt Kreons Rachegeist nicht:

»Da draußen, wo sich keines Menschen Spur mehr zeigt, verberg' ich lebend sie in einem Felsengrab.« *(Ant. 773 f.)*

Abschied vom Leben

Der Machtmensch hat entschieden, die Hinrichtung ist beschlossen. Antigone geht ihren letzten Weg – nicht als eiserne, lebensferne Heldin, nicht als Opfernatur, der das Leben nichts bedeutet, jedoch als eine »der großen Gestalten« (Franz Egermann) in Sophokles' Dramen. Sie liebt das Leben, sie nimmt mit Wehmut davon Abschied:

»Ihr seht mich, o Bürger der Vatererde,
wie ich den letzten Weg
gehen muss und zum letzten Mal
dort erblicken Helios' Licht
und nie wieder…«
(Ant. 806 ff.)

Diese bitteren Worte nehmen – gleichsam zyklisch – die Verse des ersten Chorliedes der Tragödie auf, in dem die Sonne wie in einem Hymnus herrlich besungen wird:

»Strahl der Sonne! Du schönster
dem siebentorigen Theben je
aufgegangener Morgenglanz,
erstrahlst endlich, goldnen Tags
Augenlicht und erhellst die Stadt
über Dirkes Gewässer wandelnd.«
(Ant. 100 ff)

Die Sonne als Liebe zum Leben und das Dunkel des nahen Todes im K*ontrast*, gleichsam leitmotivisch im Hintergrund die Tragik des Geschehens prägend. Antigone erhängt sich – ein Bote berichtet vom Geschehen – im zugemauerten Grab, auch Haimon, ihr Verlobter stirbt, durch Selbstmord. Als sich auch Eurydike, die Frau des Tyrannen, deshalb Leben nimmt, kommt Kreon zur Besinnung. Die totale Katastrophe macht ihn zum gebrochenen Mann. Der Kommentar des Chors am Ende

> *»Besinnung ist von den Gütern des Glücks*
> *bei weitem das höchste: man frevle nicht*
> *gegen Göttergebot: Je größer der Stolz*
> *der Vermessenen ist, um so tiefer der Sturz,*
> *der die Untat sühnt und lehrt sie im Alter Besinnung.«*
>
> *(Antigone 1347 ff.)*

Sophokles' *»Antigone«* zählt zweifellos zu den Hochleistungen der Literatur am Anfang der abendländischen Kultur. Diese verschriftete Sprachschöpfung hat Geschichte gemacht. Warum? In diesem Text deutet sich gleichsam wasserzeichenhaft die politische Realität der Zeit an. Beim Aufbau der Demokratie, die nach dem Sturz der Tyrannen erfolgte, war die Spannung zwischen der totalitären Macht des Einen und der Freiheit aller Bürger in Athen unmittelbar präsent. Die Zuschauer müssen deshalb von der Thematik des Dramas höchst beeindruckt gewesen sein. Sie prämierten die *»Antigone«* mit dem ersten Preis.

Dieses Sophokles-Drama hat sich als das wirkmächtigste Werk erwiesen. Es hat berühmte Verehrer gefunden. Für Gottfried Wilhelm Friedrich Hegel ist die »Antigone« *»das vollkommenste Kunstwerk, welches je von Menschen geschaffen wurde«*. Das Mädchen Antigone sei *»die herrlichste Erscheinung, die auf der Erde erschienen ist.«* Was mag der Grund für diese Wertschätzung sein? Weil sich hier die Macht des Regimes und die Macht des Gewissens kompromisslos gegenüberstehen? Weil sich hier an der Willkür und Allmacht des Führers die Ohnmacht des Individuums manifestiert? Weil hier am brutalen Willen eines Autokraten der Mut einer Frau zerschellt, die ihm die Stirn zu bieten wagt? Eine Problematik, die überall und zu allen Zeiten, eben gerade heute präsent ist.

Der Engländer George Steiner hat in seinem Buch *»Antigones«* (1984) nachgewiesen, dass Sophokles' Drama im Zentrum Europas ebenso wie auch jenseits seiner Grenzen in allen Formen der Kunst *»in westlicher Dichtung, in Roman, im Drama, in der philosophischen Spekulation, im Film, in Oper und Ballett rezipiert und abgewandelt worden ist«*. Hölderlin, Anouilh, Brecht, Orff, Hochhuth seien nur als Beispiele genannt. Die »Antigone« – für George Steiner *»das höchste Meisterwerk der antiken Kunst«* – erreicht offensichtlich eine existentielle, an die Grenze zwischen Leben und Tod heranreichende Tiefe.

In seiner ganzen humanen Dimension ist das Werk wohl nur zu begreifen, wenn man es unter die Aussage des zweiten Chorliedes (332 ff.) im Drama stellt, jenes *»Grundtextes des europäischen Denkens und Dichtens«* (Hellmut Flashar, 2000). Seine Eingangsverse lauten:

»Vieles ist ungeheuer und nichts
ist ungeheurer als der Mensch.«

Bedenkt man, dass das griechische Wort deinos eine Sinnspanne von *»ungeheuer«* bis *»wunderbar«* hat, so darf man folgern, dass der Konflikt zwischen den beiden Protagonisten des Dramas unter der Spannung dieser Extreme steht. Wer von ihnen freilich ist »ungeheuer«? Wer »wunderbar«?

Grete Weil spricht in ihrem autobiographischen Roman (1999) Sophie Scholl als *»meine Schwester Antigone«* an. Gewiss deshalb, weil dem tapferen Mädchen in ihrem Widerspruch gegen das Nazi-Regime Antigone zum Vorbild geworden ist. Als erste Frau im Widerstand ist diese wunderbare Gestalt der Antike für sie ein Lichtblick von Mut und Selbstbehauptung. Für Grete Weil und Ihresgleichen gewiss noch mehr: ein Symbol der Menschlichkeit.

Literaturhinweise

Egermann, F.: Arete und tragische Bewusstheit bei Sophokles und Herodot. In: Vom attischen Menschenbild. New York 1979, 1 ff.

Flashar, H.: Sophokles. Dichter im Demokratischen Athen. München 2000.

Hegel, G.P.F.: Phänomenologie des Geistes. Cambridge 1807.

Lesky, A.: Geschichte der griechischen Literatur. Bern 1957/58, S. 261 ff.

Maier, F.: Allgewaltig ist der Mensch. Bad Driburg 2018.

Steiner, G.: Antigones. Oxford 1984.

Medeas vernichtender Fluch

Der Hass einer »Barbarin«

»Medea« ist eine Tragödie des Euripides. Solche Literatur, im Theater aufgeführt, zielt von Natur auf Wirkung bei den Zuschauern. Die in einen tragischen Konflikt geratenen Personen stürzen in die Katastrophe. Ihre Streitreden, ihre seelischen Nöte oder körperlichen Leiden erwecken bei denen, die das tragische Geschehen im Theaterrund miterleben, Mitgefühle, etwa Sympathie, Zuneigung, aber auch Ablehnung und Hass. Nach der Definition des Philosophen Aristoteles sollten sich als Wirkungen bei den Zuschauern *»Mitleid«*, *»Jammer«* (eleos) und *»Furcht«*, *»Schauder«* (phobos) einstellen, so dass es zu einer »Katharsis« der Affekte komme, also zu einer *»Reinigung«* von derartigen Erregungszuständen.

Die Tragödie ist also per se auf Emotionalisierung angewiesen. Von den Stoffen des Mythos angeregt gestaltet sie sich in der Phantasie des Autors zu einem hochdramatischen Geschehen. Sie sucht von Anfang an die Gefühlsnähe der Zuschauer, also der Hörer oder Leser. Die situative Gestaltung wie auch der verwendete Wortschatz erzeugen Affekte. Die Zuschauer werden betroffen, in ihrem Inneren aufgewühlt. Ihr Fühlen und Denken verbinden sich mit dem, was sich auf der Bühne vor ihren Augen und Ohren abspielt, zu einer stimmungsmäßigen Einheit. Dieser Befund lässt sich an der Tragödie »Medea« eindrucksstark vorführen. Freilich bedarf es dazu auch der Kenntnis der Vorgeschichte, da sich das Geschehen im euripideischen Werk allein auf das Ende, auf die tragische Katastrophe beschränkt. Wodurch es sich freilich zu einer kaum mehr überbietbaren Dramatik zuspitzt.

Die »Medea« ist die Tragödie einer gescheiterten Liebe. Liebe verstanden als »Eros«, als die leidenschaftliche Verbundenheit zweier Menschen. Um dieses Scheitern solcher erotischer Liebe als abgrundtiefe existentielle Not hier zu begreifen, muss man ihre Entstehung von ihrem Anfang an kennen, muss man um die Allgewalt des Eros wissen. An der Gestalt der Medea wird sie nämlich zu einer traumatisierenden Erfahrung. Diese Frau verkörpert das Phänomen in seiner Doppelgesichtigkeit bis zur äußersten Grenze – seine dunkelste Seite hervorkehrend. Medea – eine faszinierende Gestalt im eigentlichen Sinne des Wortes. Der Zauber ist ihr wesenseigen. Sie ist eine Gestalt aus dem Land der Barbaren, heimisch in Asien jenseits von Troja, in der Stadt Kolchis am Ostrand des Schwarzen Meeres. Ihr Liebes- und Lebensdrama ereignete und erfüllte sich freilich in Korinth, einer Stadt im Zentrum Griechenlands. Wie ist es dazu gekommen? Die Geschichte vor dem Finale erfahren wir aus dem großen Epos »Argonautika«, in dem der Dichter Apollonios von Rhodos im 3. Jh. v. Chr. den tradierten Argonauten-Stoff in eine neue Fassung gebracht hat. Den Schluss des dramatischen Geschehens hat Euripides 431 v. Chr. als »Medea« auf der Bühne Athens zur Aufführung gebracht.

Eros' Pfeil mitten ins Herz

Jason hat von Pelias, dem König von Thessalien in Mittelgriechenland, den Auftrag erhalten, das wundertätige *»Goldene Vlies«*, dessen Besitz Heil bringt oder Unheil abwendet, aus Kolchis zu holen, wohin es unrechtmäßig gebracht worden war. Der König will, vom Misserfolg dieses Unterfangens überzeugt, solchermaßen den Rivalen um die Herrschaft loswerden. Da Jason sicher weiß, dieser Auftrag werde ihm eine übermenschliche Leistung abfordern, ihn sogar in tödliche Gefahr bringen, gewinnt er für die Fahrt in das ferne und fremde Land die größten Gestalten und Helden seiner Zeit, wie Orpheus und Herakles, als Mitfahrer auf seinem Schiff, das den Namen »Argo« trägt.

Nach langer und abenteuerreicher Fahrt erreichen »die Argonauten« (»die Schiffer auf der Argo«) die Stadt Kolchis, wo der dortige König Aietes dem kühnen Ankömmling aus dem Westen, Jason, für eine Rückgabe des Goldenen Vlieses harte Bedingungen stellt, unerfüllbare, wie er glaubt. Doch Aietes hat die Rechnung ohne Eros gemacht. Denn hier tritt Aphrodite, die Göttin der Liebe, höchstpersönlich in Aktion. Sie lässt ihren Sohn Eros seinen Pfeil mitten ins Herz der Medea schießen. Sie ist die Tochter des Aietes und der Zauberkunst mächtig. Sofort fängt sie Feuer für den adretten Jüngling, der die Griechen anführt. Die erotische Ausstrahlung, dem Mann urplötzlich eigen, bringt die Frau in sinnliche Wallung. Im Epos ist dieser Vorgang in folgende Verse gefasst (in der alten Übersetzung von Thassilo von Scheffer, 1940, kommt das Flair der epischen Gestaltung merklich zum Tragen):

> *»So ließ Eros den Reiz anmutiger Flammen vom blonden*
> *Haupte Jasons erstrahlen, die leuchtenden Augen Medeas*
> *fesselnd zu berücken. Ihr schmolz die Seele im Innern selig dahin ‹…›.*
>
> *(Argonautica 3, 1017-20)*

Medea ist bereit, dem Griechen zu helfen. Ihre Zauberkraft macht Jason fähig, die gestellten Bedingungen zu erfüllen, vor allem den Feuer speienden Drachen zu besiegen, der die gesuchte Beute schützt. Die Tochter hintergeht ihren Vater aus Liebe. Wird diese von Jason erwidert?

Der nimmt ihre Dienste in Anspruch. Als er mit der errungenen Beute auf der Argo sich in die Heimat zu fahren anschickt, kommt es zur Aussprache der beiden. Medea fürchtet die Rache des Vaters, mit den Griechen aus Kolchis zu verschwinden ist ihr Wunsch. Doch das scheint unmöglich – in Jasons Vorstellung. Beim bevorstehenden Abschied vom Geliebten fließen ihr Tränen über die Wangen. So möge Jason doch in der Ferne stets ihrer gedenken, bittet sie ihn.

»‹…› Und den Helden ergriff bei den Tränen der Jungfrau des Eros wilde Gewalt, und gleich gab er Medea zur Antwort:
›Wahrlich weder bei Tag noch bei Nacht je vergess ich deiner, wenn ich dem Tode entrinnen sollte und wirklich unverletzt nach Achaia entkomme.‹«

(Argonautica 3, 1077 – 82)

Medeas Trauer verwandelt Jasons Gedanken. Ganz abrupt, und ohne dass sich in seinen Worten ein Motiv dafür andeutet. Er lädt Medea auf einmal dazu ein, mit ihm auf der »Argo« ihre Heimat zu verlassen. Er verspricht ihr die Ehe und hohe Ehre »im Lande von Hellas«, schwört ihr ewige Treue:

»Möchtest du unser Lager alsdann in bräutlicher Kammer bereiten, und möge uns in unserer Liebe nichts anderes trennen, bevor uns beide das Todesschicksal umfängt.«

(Argonautica 3, 1128–30)

Meint Jason es ehrlich? Oder drängt ihn nicht ein Hintergedanke dazu? Nämlich dass er ihrer Zauberkunst noch weiter bedarf, um lebendig und unverletzt nach Hause zu kommen? Denkt er nicht viel mehr an sich selbst als an die weinende »Jungfrau«? In »des Eros wilder Gewalt« deutet sich sinnliche Leidenschaft an, nichts aber ist zu spüren von inniger Anteilnahme an der Not der Frau, von Mitgefühl mit ihr. In der Tat. Das folgende Geschehen bestätigt diese Annahme. Die Gefahr ist bald akut. Auf der Heimfahrt werden die Argonauten von der Flotte der Kolcher verfolgt. Ihr Anführer ist Absyrtos, Medeas Bruder. Ihre Hilfe ist in dieser prekären Lage sofort vonnöten. Als die Verfolger die Griechen einholen, arrangiert Medea einen Hinterhalt, in dem Jason Medeas Bruder tötet. Jason und die Seinen sind gerettet. Für den Geliebten hat Medea den Vater betrogen, den Bruder geopfert. Von solcher Schuld belastet gelangt die Barbarin in »das Land von Hellas«. Dort selbst tötet sie auf heimtückische Weise Pelias.

Worauf beide, Jason und Medea, nunmehr ehelich verbunden, aus der thessalischen Heimat verjagt werden und in Korinth Zuflucht suchen. Eros als sinnlich leidenschaftliche Zuneigung, als Kraft, für den Geliebten Opfer zu bringen, hier sogar auf barbarisch grausame Art, tritt an Medea offen zutage. In Jason jedoch ist solche Liebe nicht der Impetus seines Handelns. Auf Medeas Tränen reagiert er eher nüchtern. Der *»verderbliche Eros«* (so wörtlich im griech. Text), der ihn ergreift, lässt keine Innigkeit im Gleichklang des Schmerzes zu. Für den Griechen ist der Medea »beseelende« Eros eher willkommenes Mittel, die ihm gestellte Aufgabe erfolgreich zu erfüllen. Jason kalkuliert. Die versprochene und vollzogene Ehe hat daher von vornherein kein festes Fundament.

Das Gift des verratenen Eros

Die beiden Flüchtenden finden Zuflucht im Königshaus von Korinth. Kreon, der Herrscher, gewährt ihnen Asyl. Die Geschichte wird zur Tragödie – von Euripides so gestaltet. Mittlerweile sind zwei Kinder geboren, die mit in den Palast aufgenommen werden. Medea, die Fremde, aus dem kulturlosen Asien Zugereiste, fühlt sich von Anfang an nicht wohl im neuen Ambiente, und unter Menschen, die ihr zurückhaltend, misstrauisch, ja mit Ablehnung begegnen. Umso mehr sieht sie allein in Jason die Stütze ihres Lebens. Doch die bricht ihr weg, als sie erfährt, der Mann habe sich in Glauke, die Tochter des Königs, verliebt. Ihre Reaktion: tiefste Verzweiflung, physischer und psychischer Zusammenbruch. Im Prolog des Dramas erfahren es die Zuschauer so:

»Medea aber, die Verstoßene,
ruft seine Schwüre, seine rechte Hand,
die einst den Bund besiegelt, ruft die Götter
als Zeugen an, wie Jason ihr vergilt.
Sie isst nichts, liegt nur wie gelähmt von Schmerzen
und unaufhörlich fließen Tränen,
seit den Verrat des Gatten sie erfuhr.

Ihr Aug erhebt sich nicht, ihr Antlitz haftet
am Boden.«
(Medea 20 – 28; Ü. h.u. ff.: Hans v. Arnim / Franz Werfel)

Der Unglückskunde nicht genug. Medea erfährt zudem, dass der König sie und ihre Kinder des Landes verweisen will. Vom Mann betrogen, vom König ausgestoßen, abgeschoben, allein in einem fremden Land, ohne Aussicht auf Rückkehr in das von ihr schmählich behandelte Land des Vaters. Dies alles als Folge ihrer Liebe, die Eros in ihrer Seele wach gerufen hat. In Medea kehrt sich alles Fühlen und Denken, das sie bislang für ihre Geliebten empfand, in das Gegenteil: Fluch auf den Mann und die mit ihm gezeugten Kinder, auf ihr Leben:

»Wozu sollt ich noch leben? Es hat keinen Sinn.
Weh mir! Mir hilft nur eines: der Tod,
der das traurige Leben beendet.«
(Medea 145 – 147)

An die Göttin des Rechts, Themis, gewendet beklagt sie den Bruch des gegebenen Eides, dass sie um dieses verruchten Mannes wegen ihre Heimat schändlich verlassen und den Bruder getötet hat. Man befürchtet eine *»gewaltige Tat«* der Verzweifelten, die zur »Löwin« geworden. Medea gerät außer sich. Sie nennt die Menschen, die Gerechtigkeit nicht kennen, ihr schroff und abweisend begegnen, »ungebildet«, und den Mann, der ihr alles war, »einen elenden Schurken«. Die Barbarin, die Fremde aus dem Osten, wirft den Menschen, die sie vernichten, eine Gesinnung vor, die des Menschen nicht würdig, letztlich ihrerseits barbarisch ist. Kreon, der Machthaber bestätigt die Berechtigung dieses Urteils, als er Medea gegenübertritt. Hart und mitleidlos verfügt er, in sich die Angst vor dieser Frau verspürend:

»Dich ‹…› Medea, weis ich aus des Landes Grenzen
Du bist verbannt samt deiner Kinder Paar.
Drum säume nicht. Denn des Befehls Vollstrecker bin ich.«
(Medea, 271 – 275)

Kreon lässt sich von Medeas Bitten nicht erweichen, gewährt ihr allerdings am Ende doch noch einen Tag, den sie länger in Korinth bleiben darf. Was ihm und dem ganzen Königshaus zum Verhängnis werden sollte. Medea sinnt auf Rache, auf die schlimmst mögliche. Die Existenznot, aus der sie keinen Ausweg weiß, erzwingt den Umbruch in ihr, der sich im Prolog schon angekündigt hat: *»Nun aber herrscht der Hass, die Liebe starb«* (16).

Medeas Gesinnungswandel

Medea hat sich bereits zur Tat entschlossen, als es zur Konfrontation mit Jason kommt. Der entlarvt sich nun als nüchtern kalkulierender, keineswegs von echten Gefühlen der Zuneigung geleiteter Mann. *»Des Eros unentrinnbares Geschoss«* habe Medea gezwungen, ihm *»das Leben zu retten«*. Und geradezu mit zynischer Arroganz gibt er ihr zu verstehen, sie wohne nun nicht mehr im *»Barbarenland«*, sondern in *»Griechenland«*, wo *»sie das Recht verehren lerne und das Gesetz, das keiner Macht sich beugt«*. Eine Provokation aus dem Munde des »Schurken«, die für Medea nicht zu ertragen ist.

Jason kennt wahre Liebe nicht, jedes Gefühl ist ihm fremd. Er unterwirft alles seinem Kalkül. Rational gelenkt und rhetorisch geschult will er Medea davon überzeugen, dass er aus gutem Grund sie verlassen und sich um den Bund mit einer neuen Frau bemüht habe. Seine Karriere im Königshaus werde für ihrer beider Kinder eine sichere Existenz in Korinth, also in Griechenland gewährleisten. Jason beschönigt seinen Verrat. Und das künftige Schicksal der einst vermeintlich Geliebten? Kein Wort des Bedauerns aus Jasons Mund. Nur der Anstoß, sie solle ihre »Liebeseifersucht« aufgeben. An ihrer Lage sei sie doch selber schuld. Medeas Antwort lässt Kommendes ahnen:

> *»Du kannst mich höhnen, denn du bist geborgen.*
> *Ich muss verstoßen in die Fremde ziehn.*
> *‹…›*
> *Geh nur! Dich zieht es wohl zur Neuvermählten*

hin. Schon zu lange bliebst du aus.
Genieß' sie! Vielleicht – ein Gott lehrt so mich sprechen –
ist deine Ehe bald nicht Ehe mehr.«

(Medea 603 – 604; 623 – 626)

Die Drohung ist nicht zu überhören. Der Chor verstärkt sie sofort.

»Eros, der übermächtig daherkommt,
bringt nicht Ruhm noch gute Tat.«

(Medea 627 – 629)

Medeas Tat, die darauf bald erfolgt, bedient sich der Täuschung. Sie bringt Jason dazu, ihr die Kinder noch einmal zu überlassen. Diese sollen Glauke, der neuen Frau Jasons als Brautgeschenke Schmuckstücke bringen, die jene anlegen soll. Diese hat sie – als Zauberin ist sie damit vertraut – mit todbringendem Gift bestrichen. In einem Monolog enthüllt sie ihren Plan:

»‹…› Er soll's mit Gottes Hilfe büßen
Die Kinder, die ich ihm geboren, wird er
nicht wiedersehn und mit der neuen Braut
kein Kind sich zeugen; denn auch sie wird elend,
wie sie's verdient, zugrunde gehn an meinem Gift.«

(Medea 803 – 807)

Nur einmal zögert Medea noch – beim Anblick der Kinder, deren Leben durch ihre Hand bald beendet sein wird. Sie ringt in sich leidenschaftlich um ihren Entschluss. Soll sie die Kleinen nicht doch mitnehmen? Aber wohin? Oder im Königshaus lassen?

»Nein! Bei des Hades finsteren Dämonen,
darf ich nie zulassen, dass die Feinde
an meinen Kindern ihre Rachsucht kühlen.«

(Medea 1059 – 1061)

Die mörderische Tat

Die Entscheidung steht. Medea bringt Jason hinterlistig schmeichelnd dazu, die Kinder mit den todbringenden Geschenken zur Prinzessin zu schicken. Das Grauenvolle ist unabwendbar, wie im Chorgesang angekündigt:

»Verloren das Leben der Kinder, hoffnungslos!
Hoffnungslos! Nun rennen sie grad ins Verderben.
Ach nun nimmt die Fürstin den goldenen Kranz,
nimmt sie an die Höllengabe,
flicht den tödlichen Schmuck sich um den blonden
Lockenkopf, selbst mit eigenen Händen.«

(Medea 976 – 981)

Da tun sich Abgründe ihrer dunklen Seele auf. Ein Bote berichtet: Die Königstochter empfängt freudig den Schmuck, setzt sich den kleinen Kranz auf den Kopf. Und geht sogleich grässlich am giftigen Feuer zugrunde, das dem glänzenden Schmuck entströmt. Und mit ihr der Vater, der ihr zu Hilfe geeilt. Überall Jammern, Schreien und Weinen. Das Königshaus ist ausgelöscht. Der Kindermord folgt zwangsläufig.

Ihr Frau'n! Beschlossen ist's. Gleich töt' ich jetzt
die Kinder und verlasse dieses Land. ‹…›
Wie lieb sie sind und dass ich sie geboren,
für diesen einen kurzen Tag vergiss es!
Hernach beweine sie! – Mord ich sie gleich,
lieb ich sie doch, ich unglückseliges Weib.«

(Medea 1236 – 1250 m. A.)

Jason hört von Medeas Tat. Will sie dafür büßen lassen. Doch diese stößt ihn kalt von sich – auf ihren Schutz durch Gott Helios verweisend. Jason, entsetzt und voller Wut zugleich, schreit die Frau, mit der er einst das Bett geteilt, feindselig an:

Du Ungeheuer! Du, den Göttern, mir,
der ganzen Menschheit hassenswerte Frau!
Du hast die Kinder, die du selbst geboren,
erstochen und mich kinderlos gemacht.

(Medea 1323 – 1326)

Medea hat ihre Genugtuung, sie hat sich gerächt am treulosen Geliebten. »*Mein Dolch traf auch dich ins Herz.*« Auch Jason ist vernichtet. Hat Medea Gleiches mit Gleichem vergolten? Eros, der Gott der Liebe, hat beide verbunden. Für den einen ist er eher Mittel zum Zweck, für die andere Antrieb, all das bisher Vertraute um des Mannes wegen aufzugeben. Ihre Enttäuschung macht Medea zur Mörderin. Was sie tut, ist grausam und nicht menschlich. Jasons Falschheit, seine zynische Verachtung hat Medea in ihre Identität zurückgezwungen. Sie ist am Ende wieder die barbarische Zauberin, die alles vernichtet, auch – trotz ihres bekundeten Schmerzes – die eigenen Kinder. Die Frau aus Asien scheitert an der Selbstgefälligkeit eines Herrschers und an der Selbstsucht eines Karrieristen – in Griechenland, dem Land mit traditionsgefestigter Kultur. Ein Drama, das sich so nur im Zeitalter der griechischen Aufklärung zutragen konnte, in dem nicht die überkommenen Werte galten, sondern der Mensch zum Maß aller Dinge geworden ist. »*Dem euripideischen Menschen sind die Maßstäbe zerfallen.*« (Bruno Snell)

Auch in Euripides' »Medea« ist der Konflikt Treibstoff des dramatischen Geschehens. In der von Eros erfassten Gestalt kämpfen die widerstrebenden Kräfte in ihrem Inneren, ihre Liebe zu Mann und Kinder mit dem Schmerz ihrer maßlosen Demütigung und ihrer zerbrochenen Existenz. Auch in diesem Kampf bleibt Eros unbesiegbar – freilich mit seiner Kehrseite – als Hass, als mitleidlose Feindschaft, die jede Gemeinschaft zerstört – die private wie die politische. An der Gestalt der Medea wird diese Erfahrung erstmals in der europäischen Literatur radikal und schonungslos inszeniert. Weshalb sie als femme fatale der Antike die Literaten aller Zeiten fasziniert und provoziert, von Ovid und Seneca bis Jean Anouilh und Christa Wolf.

Auch heute erscheint *»Medea«* auf der Bühne großer Theater. 2023 etwa wurde die von Marc Antoine Charpentier 1693/4 komponierte Oper »Médée« in der Staatsoper von Berlin mit einem Starensemble aufgeführt. Über die Hauptfigur des Operndramas schreibt Reinhard I. Brembeck: *»Medea, die verlassene Frau, ist nicht das Opfer, sondern eine Rächerin, wie sie die Theatergeschichte der letzten 2500 Jahre kein weiteres Mal gefunden hat.«* (SZ 22.11.2023)

Euripides gilt als der Psychologe unter den Tragikern, nirgends tritt dies mit stärkerer Wucht zutage als in seiner »Medea«. In keiner anderen Tragödie steigen die Mächte, die die Seele bewegen, *»in solchem Maße zu dämonischer Wirkung auf«* (Albin Lesky). In der Gestalt Medeas hat man das archetypische Muster des stets latenten Dilemmas zwischen Mann und Frau erkannt. Und auch das Modell dafür, was geschieht, wenn Eros als liebende Zuneigung zwischen Mann und Frau nicht gelingt. Erich Fromm, einer der prominentesten Erforscher der menschlichen Seele, drückt dies so aus:

> *»Sein Versagen bedeutet Wahnsinn oder Vernichtung – Selbstvernichtung oder Vernichtung anderer. Ohne die Liebe könnte die Menschheit nicht einen einzigen Tag existieren.«*
>
> *(Erich Fromm: Die Kunst des Liebens)*

Die »Medea« bietet allerdings nicht allein den Raum, in dem sich Emotionen bis zu einer exorbitanten Scheußlichkeit, bis zur Vernichtung und Selbstvernichtung steigern. In ihr löst sich offensichtlich auch ein herkömmliches Welt- und Menschenbild auf. Barbarei, die man den Ostvölkern zurechnet, ist auch dem Land nicht fremd, dessen Hauptstadt sich als »Hochburg« einer neuen Hochkultur von Sitte und Geist versteht. Medea, die kluge, zaubermächtige Barbarin aus

Kolchis, versetzt diesem Glauben an eine kulturelle, moralische Überlegenheit »des Kulturlandes Hellas« einen mächtigen Dämpfer. Ein Schlaglicht auf die geistige Auseinandersetzung, die im Athen des ausgehenden fünften Jahrhunderts herrscht, in der es um das rechte Verständnis des »sophia-Begriffes geht, darum ob *»Weisheit«* oder *»Klugheit«* die wirkungsvollere Waffe in Politik und Gesellschaft darstellt (s. dazu Maier, F.: Der sophos-Begriff. 1972) Weshalb dieser folgenreiche Diskurs unter dem Begriff der »Sophistik« firmiert. Medea klagt über ihr *»Verstoßensein in die Fremde«,* sie fühlt sich zurückgeworfen auf ihren Urzustand als barbarische Zauberin. Auch Liebe, selbst wenn sie mit hohen Opfern verbunden ist, überbrückt nicht die Kluft zwischen den Kulturen. Eine zeitlos gültige, bittere Erfahrung.

Literaturhinweise:

Anouilh, J.: Médée. Paris 1945.

Carpenter, M. A.: Médée. Paris 1963/4.

Fromm, E.: Die Kunst des Liebens. Weltperspektiven. Frankfurt/Berlin/Wien 1979.

Jaeger, W.: Paideia, B1. und 2. Berlin 1959.

Lesky, A.: Die Geschichte der griechischen Literatur. Bern 1957/58.

Maier, F.: Der sophos-Begriff. Zur Bedeutung, Wertung und Rolle des Begriffes von Homer bis Euripides. München 1970.

Sophia. Morgenröte der Vernunft. Die Karriere der Philosophie. Bad Driburg 2021.

Nestle, W.: Euripides. Der Dichter der griechischen Aufklärung. Stuttgart 1961.

Snell, B.: Die Entdeckung des Geistes. Studien zur Entstehung des europäischen Denkens bei den Griechen. Hamburg 1946.

Steiger, H.: Euripides. Seine Bedeutung und seine Persönlichkeit. Leipzig 1912.

Wolf Chr.: Medea. Berlin 2008.

Der »zweimal verlorene« Dichter

Zwischen Catull und Lesbia – Liebe und Hass?

Liebe und Leidenschaft sind nicht nur Stoff des klassischen Mythos, wenn auch dort in herausragendem Maße. Auch die Dichtung über Leben und Lieben in der realgeschichtlichen Welt der Antike hat Dokumente geschaffen, die bis in unsere Zeit ihre mächtige Wirkung entfalten. Die Gegenwartsliteratur wird davon nach wie vor inspiriert. Die gewiss eindrucksvollsten Belege dafür sind die Liebesgedichte eines jungen Römers, die er an eine von ihm verehrte und heiß umworbene Dame der high society Roms gerichtet hat. Zwischen beiden hat sich ein Liebesverhältnis angebahnt, das für den Dichter tragische Züge bekommen sollte.

Catull – »poeta laureatus«

C. Valerius Catullus heißt der Dichter aus dem alten Rom, der auch heute noch in seiner Heimat bekannt und beliebt ist. Auf einer modernen Briefmarke ist er als *poeta laureatus*, als *»mit Lorbeer bekränzter Dichter«* abgebildet. Gerhard Petersmann nennt ihn *»einen Virtuosen der Liebesdichtung«*. Dieses Prädikat verdankt er der Schönheit seiner Sprache, mehr aber noch der Leidenschaft, die er in seinen Gedichten an die geliebte Frau auslebt. Thornton Wilder macht ihm in seinem Roman *»Die Iden des März«* das Kompliment: *»Dieser Catull ist der Einzige in Rom, der Leidenschaft ernst nimmt. Er wird wahrscheinlich der Einzige bleiben.«* Leiden und Leidenschaft, von ihrer Wurzel her zusammengehörende Begriffe, kennzeichnen die Existenz dieses Goldschmieds der Worte.

Catulls Gedichte waren lange verschollen. Erst im 13. Jh. wurden sie wieder entdeckt und sogleich Gegenstand höchster Bewunderung.

Unter den Literaten des Kontinents fand der Poet schnell Aufnahme in den Kreis der dichterischen Größen. Lessing, Mörike, Lord Byron, Alexander Sergejewitsch Puschkin erwiesen sich als große Catull-Verehrer. Solchen Eindruck bewirkten zumal die Liebesgedichte, die Catull an jene Frau richtet, die in Rom bekannt ist und einen nicht unumstrittenen Ruf genießt. Er nennt sie »Lesbia«, meint damit vielleicht »Clodia«, die Schwester des Clodius Pulcher, eines enfant terrible auf der politischen Bühne der Hauptstadt. Manche Interpreten der »Lesbia-Gedichte« erkennen im tragischen Verlauf dieses Liebesverhältnisses geradezu die Lebensdramatik des Dichters. Das tiefgründige Nacherleben dieser letztlich unglücklichen Liebe mag in der Neuzeit und auch heute Dichter dazu angeregt haben, in Catull einen Seelenverwandten zu sehen. *»Eine Stele für Catull«* lautet Karl Krolows moderne Hommage an den Römer. Der Petersburger Dragomostschenko, ein Avantgardist unserer Zeit, schrieb ein längeres Gedicht an Catull, in dem er ihn so anspricht: *»Ja, so ist das, Catull, mein Freund, besessener, weinender, stiller Poet, der du längst nicht mehr unter den Lebenden weilst.«* Carl Orff hat die Lesbia-Gedichte vertont, ihnen und ihrem Autor dadurch Weltruhm verschafft. Der Komponist hat die poetischen Prunkstücke für immer der Vergessenheit entrissen. Der anerkannte Latinist Michael v. Albrecht erkennt deshalb in Catull *»einen Liebesdichter mit europäischer Ausstrahlung«* (1998).

Der junge Catull, 87 v. Chr. in Sirmio am Gardasee geboren, wird von seinen wohlhabenden Eltern nach Rom zum Studium von Recht und Politik gesandt, hält von einer politischen Karriere allerdings nichts, sondern schließt sich in der Hauptstadt einem Kreis von avantgardistischen Künstlern an, die mit jeder Tradition gebrochen haben. Bevorzugt wird das kleine Poem, fein geschliffen und wie ein Kristall funkelnd. Hier findet der von Natur sprachschöpferisch Begabte seine Heimat. Die Dichtung wird ihm zum Lebenselexier und die Liebe.

Mit seinen in Form und Stil neu geschaffenen Gedichten erregt er Aufsehen, erhält Zugang auch zu höheren Kreisen, wo er eben auf jene Schönheit trifft, die ihn spontan in ihren Bann zieht und von der er nicht mehr loskommt. Das sich anbahnende Liebesverhältnis nimmt tragische Züge an. Es wird zu einem Liebesdrama. Aus der Vielzahl der von Catull geschaffenen Gedichte lassen sich die sog. Lesbia-Gedichte herauslösen und in eine zeitliche wie inhaltliche Abfolge bringen, so dass sich der Verlauf des Dramas nachvollziehen lässt, und zwar so, dass sich der Leser nicht emotionslos in die Leidenschaftlichkeit und Gefühlsausbrüche in dieser Liebesbeziehung hineinliest.

Man nahm sogar an, dass Catull sein eigenes Lebensdrama zu einer Art von Zyklus in der Abfolge der Gedichte angelegt hat. Hans-Peter Syndikus, der sich intensiv in einer dreibändigen »Interpretation« (WBG 1984 ff.) mit der Frage der Zusammengehörigkeit, der Bezüge und der Abfolge der Gedichte befasst hat, erkennt drei Phasen im Verlauf dieses Liebesverhältnisses: *»Werbende Annäherung, Leidenschaftlicher Höhepunkt, Enttäuschung«*. In einem solchen Zyklus sind seither die Lesbia-Gedichte Catulls der lesenden Öffentlichkeit, auch den jungen Leuten im Lektüreunterricht der Schule präsentiert worden. Im hellen Lichte einer so lebensnahen Vermittlung strahlte hier wie dort der Name des römischen Dichters.

Bis einer kam, der sich »fachmännisch« des überlieferten Catullschen Gedichtgemenges annahm und mit scharfem Verstand und bedenkenlos sezierender Hand feststellen zu können glaubte, was eigentlich damals an diesem Liebespaar wahr, was realgeschichtlich wirklich gewesen ist. Catull verlor seinen Nimbus. Er sei eigentlich homophil gewesen, Lesbia habe ihren Namen nicht von Sappho, der verehrten griechischen Dichterin von der Insel Lesbos, sondern hieß wohl so, weil jene Dame, die Catull begehrte, lesbisch veranlagt war. Niklas Holzberg war es, der mit seinem Buch *»Catull. Der Dichter und sein erotisches Werk«* (2002) Furore machte. Ihm schlossen sich einige Epigonen an. Die Deutung des Catullschen Werkes erhielt eine völlig andere Richtung. Überall entdeckte man sexistische Anspielungen, so dass sich über die wie Kristalle funkelnden Gedichte eine schwule Atmosphäre von Homophilie und Sexismus legte. Der kleine Spatz Lesbias etwa sei kein Schoßtier der Frau gewesen, sondern Symbol des männlichen Penis. Das Verhältnis zwischen Catull und Lesbia war, so die neue Erkenntnis, in vielem, wenn nicht in allem bloße Fiktion, hatte also mit der Wirklichkeit nichts zu tun.

Diese neue Entdeckung *»des vulgärsten Dichters der Antike«* durch Holzberg hat DER SPIEGEL (14/2002) als Sensation gefeiert, weil hier *»ein Säulenheiliger humanistischer Bildung«* vom Sockel gestoßen worden sei. Hätten alle daraufhin dieser Entzauberung Catulls, *»des Großmauls vom Gardasee«* stattgegeben, wäre ein Stück Weltliteratur, wären wunderbare Kleinodien poetischer Kunst – ohne allen Zweifel – auf die Schrotthalde der Belletristik gekippt worden. Und die Antike hätte einen ihrer wirkmächtigsten Autoren verloren.

Wenn jedoch der einem Aufruf gleichkommende Satz *»Die Antike lebt!«* seine Kraft entfalten soll, kann die Folgerung nur sein, Catull hier mit dem Renommee vorzustellen, das ihm vor seiner wissenschaftlichen »Hinrichtung« eigen war, nämlich als *»poeta laureatus«*. Im Widerspruch zu denen, die sich im Besitz der Wahrheit wähnend alle Versuche dieser Art in Frage und richtig zu stellen berechtigt fühlen, sei gesagt: »Und Catull lebt doch!« Wobei freilich zuzugeben ist, dass das hier – auf der Grundlage der authentischen »Lesbia-Gedichte« – als Liebesdrama gestaltete Verhältnis der beiden Protagonisten ein rezeptives Produkt, eine Art Konstrukt darstellt, das seinerseits nicht ohne fiktive Anteile ist, eben ein *»Spiel der Phantasie«* (wie es Sigmund Freud nennt). Die Übersetzung und Formgebung der hier ausgewählten und interpretierten Gedichte stammt von Luise Maier

Das Liebesdrama

Catull ist an diesem Liebesdrama unmittelbar beteiligt; seine Perspektive (als sog. »lyrisches Ich«) dominiert nicht nur den Blick auf die Beziehung, sondern er ist der Liebende im Verhältnis der beiden Menschen, die sich hier begegnen. Die Dame der römischen Hochgesellschaft, auf die Catull mehr als aufmerksam wird, besitzt keinen fleckenlosen Ruf, aber eine Ausstrahlung, die keinen Mann ohne Erregung lässt. Bei allem Charme aber ist ihr, so könnte man sagen, auch Raffinesse ins Gesicht geschrieben. Sie ist eher eine kalte Schönheit. Catull hat sie erblickt, wie sie einem Verehrer gegenübersitzt (c. 51), und ist augenblicklich von ihrer starken Persönlichkeit bezaubert. So sehr, dass sich seine seelische Betroffenheit in körperlichen Symptomen äußert. Er ist wie von Sinnen; Zunge, Ohren, Augen versagen ihren Dienst.

»‹…› Wie Du süß lachst,
was mir Armen alle Sinne raubt,
denn, sobald ich dich, Lesbia erblickt habe,
ging mir die Stimme verloren.
Ja, es lähmt sogar die Zunge.
Schwach nur im Körper,
schwelt die Lebensflamme,
vom eigenen Tönen
klingen die Ohren
beide Augen bedeckt die Nacht. ‹…›«

Eifersucht auf den Verehrer, der ihr so nahe sein darf, lähmt Catull. Dieser hält jenen Mann für göttergleich, da ihm auch die Frau, die das bewirkt, als Göttin erscheint. Der Dichter ist in sie vernarrt. Wie sehr sehnt sich der junge Mann danach, der Frau, die er mit »Lesbia« anspricht, ebenso nahe zu sein, überhaupt von ihr als heißer Verehrer wahrgenommen zu werden! Die ersehnte Nähe ergibt sich bald auf eine eigenartige, wohl imaginäre Weise – durch eine Symbolfigur, den Spatz, Lesbias Lieblingstier (c. 2). Der Dichter tut so, als sähe er den kleinen Spatz vor sich, wie er von der Frau liebkost wird, wie sie mit ihm ihr Spiel treibt. Der Verliebte möchte die Rolle des Tieres einnehmen.

»‹…› Oh könnt ich doch
mit dir spielen so wie sie selbst
und den Liebeskummer
meines Herzens erleichtern!«

Sieht er in ihm den Konkurrenten? Auf jeden Fall stellt der Spatz gewissermaßen die Beziehung zwischen den beiden her, hat Stellvertreterfunktion. Die unmittelbare Anrede an das im Zentrum der fraulichen Aura spielende Tier macht Catulls Sehnsucht spürbar. Freilich manifestiert der irreale Wunsch, an dessen Stelle zu sein, noch die reale Trennung. Sein Liebeskummer wird nicht erleichtert. Im Gegenteil. Der Kummer wandelt sich in Bestürzung. Warum? Der Spatz ist tot (c. 3). Catull ruft alle Instanzen der Liebe zur Trauer auf.

»Trauert,
oh Liebesgöttinnen und Liebesgötter,
und alle liebeserfahrenen Menschen,
der Spatz meiner Geliebten
ist gestorben.«

Die Anteilnahme, die der junge Mann am Schicksal des Spielgefährten der von ihm verehrten, geliebten Schönheit hat, lässt erahnen, wie eng sich sein Fühlen mit dem der Frau verbindet. Sind sie sich bereits real begegnet? Auf jeden Fall ist die Entrüstung, die ihn dazu bringt, die finsteren Mächte des Orkus anzuklagen, ein Zeichen auch des persönlichen Unglücks.

»Doch sei euch Böses gewünscht,
ihr verfluchten Finsternisse des Orkus,
die ihr alles Schöne verschlingt!«

Diese Klage wirkt wie ein Aufschrei gegen das jenseits des Lebens wirkende Böse, das alles Schöne vernichtet und dem der Mensch ohnmächtig ausgeliefert ist. Das Bewusstsein, einem unerbittlichen

Schicksal unterworfen zu sein, ist ein Zug tragischen Geschehens, eine Erfahrung nicht ohne existentielle Tiefe. Der armselige Spatz, dessen Tod »seinem Mädchen« durch Tränen die Augen anschwellen lässt, macht auch Catull elend. Der Dichter teilt die Trauer mit der Geliebten.

Vor dem Hintergrund der traurig trüben Stimmung ein jubelnder Aufschrei, urplötzlich (c. 5). Eine Aufforderung Catulls an sich und Lesbia. Ein Hortativ: *»Lass uns leben und lieben!«* Zwischen beiden muss es zur Begegnung gekommen sein, zum intimen Zusammensein. Das Gedicht sprüht nur so vor Begeisterung und Lebensfreude.

»Lass uns
leben, meine Lesbia, und lieben
und alles Getuschel der zu strengen Greise
einen Pfifferling achten!
Sonnen können untergehen und wieder aufgehen.
Wir aber müssen,
wenn uns einmal unterging das kurze Lebenslicht,
eine ewige Nacht lang schlafen.«

Beides gilt nur dem Augenblick und nimmt keine Rücksicht auf die Anforderungen der Moral, deren Gesetze die murrenden, strengen Greise repräsentieren. Die Liebe ist nach Catull eine Welt für sich, jenseits der Moral, mit ihren eigenen Gesetzen. Doch ist auch diese Welt stets bedroht. Während die äußere Welt vom stets wiederkehrenden Auf- und Untergang der Sonnen bestimmt ist, also Dauer besitzt, leben die beiden Liebenden, wie alle Menschen, nur einmal. Auf sie wartet, wenn alles vorbei ist, schicksalsbedingt die ewige Nacht eines langen Todesschlafes. Die Liebe überwindet den Tod, jedoch nicht im physischen Sinne. Solche Erkenntnis drängt zum Genuss des Jetzt, der sich nur in einer unendlichen Zahl von Küssen befriedigt.

Gib mir tausend Küsse,
dann hundert, dann weitere tausend
darauf hundert!
Dann, wenn wir die vielen tausend geküsst haben,
lass sie uns durcheinanderwirbeln,
dass wir ihre Zahl nicht mehr wissen!«

Eine *»Kussorgie«* (Jan W. Beck), die im Zahlenspiel mit Hundert und Tausend sinnfällig wird, sich in solch rascher Abfolge der Küsse verwirklichend, dass die Küssenden selbst im Wirbel des taumelnden Geschehens das Zählen – und damit alles »Berechnende«, Kalkulierende im Leben – vergessen. Doch auch kein Böser darf die Zahl wissen, um den Liebenden nicht eventuell aus Neid zu schaden. Catull und Lesbia, so ist zu schließen, sind ein Liebespaar geworden: er, der junge Avantgardist, der sich mit Seinesgleichen nicht um Konvention und Sitte schert, und sie, die nicht gerade gut beleumundete Dame der römischen high society. – Ob das gut gehen kann?

Zunächst scheint es so. Das Kussgeschehen setzt sich fort (c. 7). Catull verwendet dafür sogar einen gewählten Ausdruck: basiatio *(»Küsserei«)*. Wie lauda|tio (‹ laudare) eine nicht gerade kurze Lobesrede meint, so ist mit basia|tio (‹ basiare) das Küssen als sich mehr oder weniger lang hinziehender Vorgang gemeint, der Liebeskuss in voller Hingabe, ohne dass das Wort hier eine negative Färbung hätte. Der Dichter simuliert eine Frage Lesbias an ihn, wie viele solcher Küsse für ihn denn genug, ja übergenug seien. Meint er, dass die Frau ihm so zugetan sei, dass ihr Leben an der Zahl solcher Küsse hängt? Diese Zahl erscheint von solchem Gewicht, dass sie in den wohl aussagekräftigsten Vergleichen sinnlich fassbar gemacht wird (c.7).

»Wie die Zahl des libyschen Sands,
der lasarharztragend in Kyrene liegt ‹…›,
wie viele Sterne, wenn die Nacht schweigt
auf die heimlichen Liebschaften der Menschen herabblicken,

so viele Küsse musst du küssen,
dass der liebestolle Catull
satt und übersatt ist.«

Mit den beiden drastischen Vergleichen wird die Unzählbarkeit der Küsse angedeutet, die für den Dichter gerade genug sind. Küsse, so viele wie die Sandkörner in der Wüste oder wie die Sterne am nächtlichen Himmel. Eine Illusion, zu der sich Catull in seinen Gefühlen hochsteigert. Sein Verstand setzt aus. Der Boden unter den Füßen geht ihm verloren. Ein Wahn ist es, dem er erlegen ist. Der Dichter nennt sich am Ende ja selbst *»wahnsinnig«, »verrückt« »überspannt«* (vesanus). Existentiell richtet sich die Frage an alle Menschen, wie sie ihr Leben auskosten und »zur Neige« bringen wollen, wie viel an Liebesglück sie sich von ihrem Leben erwarten, wie sie lebenssatt und liebestrunken Genüge finden könnten. Doch der Sinnenrausch stößt an Grenzen. Ist es zum Eklat zwischen beiden gekommen? Warum sonst sollte sich der Dichter gleich zu Beginn des c. 8 so abrupt als »armer Catull« beklagen (miser Catulle)?

»Armer Catull,
hör auf, ein Narr zu sein,
und, was du als verloren siehst,
halte für verloren!«

Der junge Mann muss auf den Boden der Realität zurückgeholt worden sein. Etwas hat ihm den verklärenden Schleier vor den Augen weggerissen. *»Hör auf, ein Narr zu sein!«* – ein Appell an sich selbst, den ihm sein Verstand eingibt. Die Illusion ist zerstört. Das enthusiastisch gefeierte Lebens- und Liebesglück war nur ein Trugbild. Zwischen Catull und Lesbia ist es offensichtlich zum Zerwürfnis gekommen. Die hehre Dame hat dem Sturm und Drang des jungen Verehrers Grenzen gesetzt. War auch er nur Spielgefährte auf Zeit, ähnlich wie der Spatz? Der zweite Befehl an sich ist nicht ohne bittere Tristesse. *»Halte für verloren, was du als verloren siehst!«* Melancholische Rückerinnerung an das Einst folgt, wo ihm die strahlenden Sonnen noch leuchteten und wo sie sich noch zu gemeinsamem Spaß und Spiel trafen – er und das Mädchen, so sehr von ihm geliebt, wie keine mehr geliebt werden wird. Im feststellenden Perfekt wird die Vergangenheit abgeschlossen: *»Solche Sonnentage haben dir wahrhaft geleuchtet.«* Sie sind vorbei. Catull steht vor dem Nichts. Er ist existentiell getroffen. Doch der Dichter verfällt diesmal nicht in eine Anklage gegen das Schicksal, gegen die Finsternis des Orkus, der alles Schöne zerstört. Nein, er fordert sich selbst auf zu harter Gegenwehr, die sich zu aggressiver Schelte – bis hin zur Drohung – steigert. Er solle die Frau aufgeben, die ihn flieht, und nicht im Unglück verharren! Sie wird als *»Verbrecherin«* (scelesta) beschimpft, als kriminelle Frau also (scelus ist ein juristisch einklagbares »Vergehen«).

»Verruchte, wehe dir!
Welches Leben bleibt dir?
Wer wird sich dir nähern? Wem wirst du schön erscheinen?
Wen wirst du lieben?
Wessen Angebetete wirst du sein?
Wen wirst du küssen? Wem wirst du die Lippen zerbeißen?«

Catull schreit ihr ein *»Wehe dir!«* entgegen, dabei wieder einem Wunschbild erlegen, nämlich dass Lesbia durch seinen Rückzug aus dem Liebesbund alles verliere: Keine Verehrer mehr, keine Bewunderer ihrer Schönheit, kein Liebhaber, keiner, der ihr die Lippen beim Küssen zerbeißt. Sein Verlust soll zugleich ihr Verlust sein. Das Selbstbedauern zu Beginn kontrastiert am Ende mit dem Appell zur trotzigen Härte gegenüber der Frau. Mit der unterschwelligen Andeutung doch wohl, dass Lesbia ihm trotz allem nicht gleichgültig ist. Catull kommt von der Geliebten nicht los.

Catull setzt in die Mitte des c. 92 einen Ausdruck der Verwünschung oder gar Verfluchung: dispeream – in einer Form, die im vollen Sinne nicht übersetzbar ist, da zu perire (*»zugrunde gehen«*) eine weitere Präposition dis- (*»auseinander, zer-«*) gesetzt ist, die eine sogar noch schärfere Zerstörung anzeigt. *»Ich will voll und ganz zerstört sein!«* Am ehesten entspräche der lat. Form die Wiedergabe mit *»Der Teufel soll mich holen!«* (ohne die christliche Konnotation). Warum ein so aggressiver Appell an sich? Catull will voll und ganz des Todes sein, wenn ihn Lesbia nicht doch noch liebt. Er weiß oder bildet es sich ein, dass Lesbias Bande zu ihm trotz allem nicht ganz zerrissen sind. Sonst würde sie nicht dauernd schlecht von ihm reden oder sie würde zumindest über ihn schweigen. Aus ihrem Verhalten schließt er in paradoxer Weise, dass er ihr gerade nicht gleichgültig geworden ist. Er ist ihr in ihren Gefühlen noch immer präsent. Wie kommt der Dichter zu solcher Vorstellung? Er projiziert seine eigene Befindlichkeit in die Gefühlswelt der Frau. Bei ihm deuten ähnliche Zeichen darauf hin. Er verflucht Lesbia dauernd. Doch er will voll und ganz des Todes sein, wenn er sie nicht liebt (c.92):

»‹…› Ich will zugrunde gehen,
wenn mich Lesbia nicht liebt. ‹…›
Ich verfluche jene ständig,
doch ich will zugrunde gehen,
wenn ich sie nicht liebe.«

Die Liebesgeschichte zwischen den beiden Protagonisten ist zumindest von seiner Seite aus nicht zu Ende. Sie wird sich in ihrer Tragik noch steigern. Im Rückblick trifft Catull in c. 87 eine Feststellung – im sog. konstatierenden Perfekt, das einen Abschluss markiert. Keine Frau unter allen auf der Welt ist so geliebt worden wie Lesbia von ihm. Keine Treue in einem Liebesbund ist so sehr gehalten worden wie die in seiner Liebe zu Lesbia. Bitterkeit schwingt in diesen Worten mit. *»Von meiner Seite«* ist – so der Dichter – nichts Schuldhaftes geschehen. Das *ex mea parte* muss als Vorwurf an die Frau verstanden werden. Sie hat – von ihrer Seite her – den Bündnisvertrag gebrochen. Ein »Umschlag« des Denkens, der die Vorstellung der Gegenseitigkeit der Liebe zerstört? Durchaus. Doch Catull geht nicht auf Distanz zu

Lesbia. Er fühlt sich zwar unschuldig, doch er ist – so das unausgesprochene Geständnis – der Frau nach wie vor verfallen. Catulls ganzes Sinnen und Trachten kreist weiterhin um *»seine«* Lesbia, die er in c. 58 dreimal mit Namen anspricht.

»Oh Caelius, unsere Lesbia,
Lesbia jene, jene Lesbia,
die Catull einzig mehr als sich
und alle Seinigen geliebt hat:
Nun befriedigt sie
an Wegkreuzungen und Seitengassen
die edlen Enkel des Remus.«

Ihre Zugehörigkeit zu ihm lässt sich stärker nicht betonen. In den Fürwörtern »unsere« (*nostra*) und »jene« (*illa*), die auf die Frau angewendet sind, tut sich freilich eine Kluft auf, die zumindest ein Stück weit auf Distanzierung schließen lässt. Catull richtet seine Aussage an Caelius, an einen Dialogpartner, in dem er gewissermaßen einen Resonanzraum seines Schmerzes zu finden hofft. Er soll erfahren, was ihn über die Maßen schmerzt: Das übelste Unrecht, das ihm von der geliebten Frau angetan worden ist. Sie hat es mit den Enkeln des Remus, also den jungen Römern, getrieben, oralen Sex, der sie zu einer Straßenhure in den dunklen Gassen und Wegkreuzungen erniedrigte. Die Liebe, wie er sie empfindet, ist bei ihr zum bloßen Ausleben des Sexualtriebes geworden. Der Wandel des amare (Liebe) zu glubere (Lustbefriedigung) manifestiert den Verfall. Enttäuschung, Schmerz, Verbitterung erzeugt solch Unbegreifliches bei Catull. Die *»Treue«* im Liebesbund zwischen beiden ist schmählich verletzt worden. Das Gedicht ein *»Notschrei«,* der andeutet, wie sehr er in seiner Existenz getroffen ist. Die hohe Dame der Gesellschaft lässt sich herab zum Geschäft mit den Lüstlingen des Pöbels. Ist Lesbia so wie Clodia, die Cicero in seiner Rede »Pro Caelio« *»eine Dreigroschenhure«* genannt hat? Catulls offene Worte sind hier nicht ohne sarkastischen Einschlag. Verhöhnt der Dichter hier »seine« Lesbia? Ist in den harten Worten schon Hass mit im Spiel? Wie konnte diese strahlend schöne Frau so tief sinken? Die drastische Vorstellung solch widerwärtigen Tuns erzwingt in c. 72 geradezu Catulls Hinwendung an das Einst. Wo Lesbia doch sagte, sie kenne nur Catull, sie stelle ihn gar in ihrer Zuneigung über Jupiter; wo er sich gewiss sein durfte, er besitze im Herzen der Geliebten den Primat.

»Einst sagtest du,
dass du nur Catull kennst, Lesbia,
dass du nicht einmal Jupiter lieber als mich
im Arm halten würdest.«

Die Sphären Einst und Nun mit ihren exzessiv gegensätzlichen Erfahrungen kontrastiert der Dichter scharf – begrifflich und inhaltlich. Catull wendet sich direkt an die Frau: »Damals sagtest du doch immer, du kennst nur mich!« Das verwendete Imperfekt dicebas markiert den Zustand als dauerhaft; der junge Mann gab sich der Einbildung hin, dass zwischen ihr und ihm damals ein auf *»Vertrauen«* (fides) gründender *»Treuebund«* bestanden habe. Er sei, so sein Glauben, einst in ihrer Gunst ganz oben gestanden. Weshalb er in zurückblickender Verklärung diese Art der Liebesbeziehung von seiner Seite aus als ein diligere, als ein *»hochschätzen«*, *»verehren«* verstand, also weit mehr als ein bloß *»erotisch-sinnliches Zugetansein«*, wie es in amare zum Ausdruck kommt. Catull hat die Frau der hohen Gesellschaft verehrt und geliebt.

Der Vergangenheit ist in aller Schärfe das *»Jetzt«* gegenübergestellt. Seine jetzige Gefühlslage ist völlig anders. *»Verehren«* kann er die gefallene Frau nicht mehr, *»lieben«* aber schon – im Sinne der körperlichen Liebe. Dass ihn sein Blut leidenschaftlicher zu Lesbia hindrängt, er geradezu im Verlangen nach ihr *»brennt«*, zeigt, wie sehr er immer noch der Frau verfallen ist. Wertloser, billiger ist sie ihm durch ihre schäbige Untreue geworden, doch über die Maßen begehrenswert ist sie ihm geblieben. Da bahnt sich in Catull zweifellos eine innere Zerrissenheit, letztlich gar eine Zerstörung seiner Persönlichkeit an. Lieben kann er Lesbia noch, aber ihr Gutes wollen nicht. Der Anflug von Kälte im Gesicht der schönen Frau, den der Dichter anfangs nicht wahrgenommen zu haben scheint, drängt ihm jetzt den Schmerz der Enttäuschung in die Seele. Der junge Mann ist außer sich, nicht mehr Herr seines Verstandes. Er leidet in seinem Verhältnis zur Frau zutiefst am Konflikt zwischen (erotischer) Liebe und Verachtung. Hasst vielleicht Catull *»seine«* Lesbia nunmehr?

Der Dichter beantwortet die Frage in c. 85 – in einer so faszinierenden Weise, dass das einschlägige Gedicht in die Höhen der Weltliteratur aufgestiegen ist. So einmalig, so präzis, so elegant und kunstvoll gestaltet, dass es schier unübersetzbar zu sein scheint. Weder in Form noch in Sprache gibt es ein auch nur annähernd taugliches Pendant. Zart und geschliffen wie ein funkelnder Kristall bekundet das Poem die existenzielle Zerrissenheit des Dichters – zerrissen zwischen Hass und Liebe.

»Ich hasse und liebe.
Warum ich es tu',
vielleicht fragst du es mich.
Weiß es nicht,
doch es geschieht.
Spür' ich
und reiße
entzwei.«

Gefühle im höchst möglichen Extrem kämpfen in der Seele des Mannes. Mit dem Verstand ist dies für Catull nicht zu begründen. Er weiß auf das *»Warum?«* keine Antwort. Er fühlt es nur und leidet fürchterlich darunter. Das Wort, das er für dieses *»ich leide«* setzt (ex|crucior), ist nicht adäquat wiederzugeben. *»Wird er davon ›gequält‹? – »Hängt er dafür am Kreuz?« – »Verblutet er deswegen in Qual?«* Lauter schwache und schiefe Übersetzungen. Ist es doch der Schmerz, der ihn in der Seele zu zerstören, ja zu zerreißen droht: *»Und das Herz möchte zerreißen in mir«*. Eduard Mörikes freie dichterische Wiedergabe kommt dem

Sinn, dem Gefühlszustand gewiss am nächsten. Sie vermittelt den Eindruck, als würde Catull durch diesen Zwiespalt im Inneren zerrissen. Zwischen Hass und Liebe gibt es keine gemeinsame Basis. Die Gespaltenheit in zwei Seelen ist nicht zu heilen.

Ein Befund, der im Letzten tiefe Verzweiflung auslöst, zur Vernichtung führt. Es scheint, als habe sich Catull aus dieser inneren Not nicht mehr befreien können. Trotz mehrfach sich in und zwischen den Zeilen andeutender Anläufe, dem Bannkreis der »hohen« Frau zu entkommen, blieb ihm ein glückliches Ende versagt. Catull ging früh zugrunde. Ist er erst durch Lesbia zum regelrechten Dichter geworden, zum Schöpfer eben auch jenes kleinen großartigen Epigramms, das jeden Leser beeindruckt? Ein Lied, in dem er sich in seiner Ausweglosigkeit offenbart, eine Art von Schicksalsarie, mit allen Mitteln römischer Dichtkunst komponiert? Zeugnis der Tragik eines genialen, vom Sturm und Drang der Jugend getriebenen Dichters, eines Vertreters der römischen Avantgarde am Ende der Republik, der einmal Weltruhm erlangen sollte.

Liebe und Leidenschaft – wohl kaum in einer anderen Dichtung der römischen Antike wird die Verbindung der beiden Mächte in der Seele des Menschen so direkt zupackend in geschliffene Sprache gebracht und in ihrer existentiellen Wucht offen gelegt wie in den Carmina des Catull. Hier erscheint in lateinischer Sprache, wie Michael von Albrecht betont, *»Liebe erstmals als höchster Wert des Lebens«*. Die Dichterin Sappho, Catulls griechisches Vorbild, ließe sich vielleicht mit dem Römer vergleichen. Die Spannung zwischen Liebe und Hass, die Catull in sich aushält und die ihn womöglich zerstört, ist wohl in keiner anderen Literaturgattung darstellbar als in der Dichtung. Literatur und Emotionalität. Ihre enge Verbindung lässt sich in der Form und Sprache der Dichtung zur eindrucksstärksten Wirkung bringen.

Als Literatur, von der die existentielle Befindlichkeit des Menschen unmittelbar betroffen wird und die oft bis in die Tiefen der menschlichen Seele hineinstößt, versteht sich vornehmlich die Dichtung. Sie weckt im Leser Gefühle, schafft Leidenschaft. Wer sie vermittelt oder etwa durch Übersetzung – wie aus dem Lateinischen – anderen zugänglich macht, tut nicht gut daran, wenn er durch eine, wie man glaubt, fachmännisch und philologisch saubere, vermeintlich treffende Wiedergabe dem Original alle Leidenschaftlichkeit zu entziehen versucht. Eine Übersetzung von Catulls wunderschönen c.85 (*»odi et amo«*) deutet diese Gefahr an:

Beides zugleich: verwerfen, verlangen, wie tust du's, fragst du.
Weiß ich's? Nein. Ein Geschehen leid' ich: Folter am Kreuz.
(Ernst A. Schmidt)

Von jener vernichtenden Spannung zwischen Hass und Liebe, die Catull das Herz zerreißt, ist da nichts zu spüren. Die Übersetzung ist emotional ausgetrocknet. Es ist, als hätte man ihr alle Gefühlsimpulse abgesaugt. Und die grässliche Sprache! Jedem Germanisten und nicht nur diesem sträuben sich, hört oder liest er diese Übersetzung der beiden Zeilen, die Haare im Nacken. Woraus hervorgeht: Dichtung wird recht eigentlich nur zugänglich, wenn man sie im Original, hier also in Latein vor sich hat.

ca. 85
Odi et amo. Quare id faciam, fortasse requiris.
Nescio, sed fieri sentio et excrucior.

In freier dichterischer Übersetzung:
»Hassen und lieben zugleich muss ich. – Wie das? Wenn ich's wüste?
Aber ich fühl's und das Herz möchte zerreißen mir. «
Eduard Mörike (1804-1875)

Literaturhinweise

v. Albrecht, M.: Römische Poesie, Texte und Interpretationen. Heidelberg 1977.
Catull – Dichter der Liebe und Gestalt seiner Epoche. In: AU 35, 2 (1992), 4 – 24.
Catull Ein Liebesdichter mit europäischer Ausstrahlung. 1999. Vortrag auf der DAV-Tagung 1999 in Heidelberg.

Atterer, M.: Der Dichter und seine Geliebte in der Dichtung Catulls und in Thornton Wilders Roman »Die Iden des März«. In: Anregung 41 (1995), 302–313.

Beck, J.W.: »Lesbia« und »Iuventius«. Zwei libelli im Corpus Catullianum. Göttingen 1996.

DER SPIEGEL 14/2002: Das Großmaul vom Gardasee.

Glücklich, H.-J.: Catull und einige »produktive Rezeptionen«. In: Die Antike und ihre Vermittlung. Festschrift für Friedrich Maier zum 60. Geburtstag. München 1995, 103ff.: Catulls Gedichte im Unterricht. Lehrerkommentar. Göttingen 1980.

Heine, R. (Hrsg.): Catull, Wege der Forschung, Bd. CCCVIII. Darmstadt 1975.
C. Valerius Catullus: Auswahl aus den Carmina – Interpretationen. Frankfurt a. M. u. a. 1970.

Holzberg, N.: Catull. Der Dichter und sein erotisches Werk. München 2002.

Kissel, W.: Der Spatz und das Mädchen. Catulls Passer-Gedichte. In: Umgang mit dem Erbe der Antike. Dialog Schule und Wissenschaft, Bd. 30 (hrsg. von Neukam, P.). München 1996,3/4-47.

Klingner, F.: Catull. In: Römische Geisteswelt. München 1965, 160ff. u. 218ff.

Maier, F: Hommage an einen geliebten Ort. Gedichte im Vergleich – Ein Beitrag zur Antike-Rezeption (Italien. Inschrift, Catull, Ovid, Weinheber). In: Lebendige Vermittlung lateinischer Texte. AUXILIA 18. Bamberg 1988, 86–104.
Catull. An Lesbia. Ein Liebesdicher mit europäischer Ausstrahlung. Textband und Lehrerkommentar. Bamberg 1998 ff.

Maier, L.: Übersetzung der Liebesgedichte an Lesbia, In: RUPPERT-TRIBIAN: Catull-Collagen. Herrsching 2000.

Maier L. u. F.: Catull und Lesbia. Ein Liebesdrama. Bad Driburg 2021.

Nickel, R.: Leben, Lieben, Leiden. Catulls Lesbia-Gedichte. Lehrerheft. Bamberg 1986.

Offermannn, H.: Zur Catull-Lektüre. Verstehen durch Vergleichen. In: Lateinische Dichterlektüre II. AUXILIA 5. Bamberg 1982, 58–87.

Petersmann, G.: Catull im neuen Lehrplan der AHS. In: IANUS 12 (1991), 40–48.

Schmidt E.A.: Musen in Rom. Deutung von Welt und Geschichte in großen Texten der römischen Literatur. Tübingen 2oo1.

Strunz, F.: Catulli Carmina. Zur Interpretation der ludi scenici Carl Orffs. In: AU 33,4 (1990), 25–40.

Syndikus, H.-P.: Catull. Eine Interpretation. WBG Darmstadt. Erster Teil: Die kleinen Gedichte (1 – 60), 1984. Zweiter Teil: Die großen Gedichte (61 – 120), 1984. Dritter Teil: Die Epigramme, 1987.

Thomas, W.: Latein und Lateinisches im Musiktheater Carl Orffs. In: AU 23, 5 (1980), 29–52.

Weinreich, O.: Die Distichen des Catull. Darmstadt 1975 (Nachdruck der Ausgabe von 1926).

Wilder, Th.: Die Iden des März.Hamburg 1953.

»Das unsterbliche Lied von Liebe und Tod«

Ovids Erzählung: »Orpheus und Eurydike«

Orpheus ist eine Symbolfigur. Diese Gestalt des antiken Mythos symbolisiert die seit Urzeiten im Menschen angelegte Sehnsucht, die Grenzen des Todes zu überschreiten – mit der Kraft seiner Phantasie, mit seinem ganzen denkerischen und kreativen Vermögen. Diesseitige Vorstellungen werden in das Reich des Schattens projiziert, dabei ein Szenario in düsteren, grauen und traurigen Farben ausgemalt. Homer z. B. lässt Odysseus in den Hades hinabsteigen, wo er seine Mutter und die in Troja gefallenen Helden wiedersieht, bei Vergil durchwandert der römische Ahnherr Aeneas die dunklen Orte der Unterwelt, ehe er seinen Vater Anchises trifft, der ihm Roms große Zukunft als Weltreich prophezeit.

Orpheus' Geschichte weltberühmt

Und Orpheus, jener phantastische Sänger aus Thrakien, der durch seine Kunst Menschen, ja sogar Tiere bezaubert? Warum steigt dieser in die schaurig-ungastlichen Gefilde der Toten hinab? Da öffnet sich kein weiter kriegerisch-politischer Horizont wie bei Odysseus und Aeneas. Der enge Raum eines höchst individuellen Schicksals ist es hier, in dem die Jenseitserfahrung in plastischen Formen Ausdruck gewinnt – in einer Sprache, die keinen Vergleich zulässt. Hat doch Roms größter Sprachkünstler, der »Goldschmied der Worte«, in seinem Weltepos »Metamorphosen« der Orpheus-Geschichte die wirkungsmächtige Gestalt gegeben (X 1-47): Publius Ovidius Naso, der stärkste Inspirationsquell der römischen Dichtung.

Was also ist Orpheus' Not, die ihm zum Anlass seiner extraordinären Tat wird? Wer nämlich begibt sich schon aus freien Stücken hinab in den Hades, in den Orkus, ins Jenseits, in die Hölle? Auch dem Sänger war sein Wagnis nicht geheuer. Es ist ein existenzzerstörender Schlag des Schicksals, der Orpheus zu dieser Verzweiflungstat treibt. Unmittelbar am Hochzeitstag verliert er seine geliebte Frau, Eurydike. Er will sie ins Leben zurückholen, kraft der ihm eigenen Kunst. Dieses Ereignis ist von Ovid, wie sehr viele Mythen der Antike, zu einer Erlebnisgeschichte verarbeitet worden, so dramatisch und mit solch tiefem Einfühlungsvermögen in die Liebe zweier Menschen gestaltet, dass sie in unendlicher Folge Geist, Phantasie und Kunstsinn aller späteren Generationen inspiriert hat, nicht nur in Rom, in ganz Europa und darüber hinaus: in der Musik, in der Literatur, in der bildenden Kunst, in der Malerei und im Film.

Wer kennt nicht die Oper von Christoph Willibald Gluck oder von Carl Orff, wer nicht Jacques Offenbachs Operette *»Orpheus in der Unterwelt«!* Gerhard Marcks hat in seinem Holzschnitt das moderne Gegenstück zum sog. Neapler Relief aus dem 5. Jh. n. Chr. geschaffen. Im französischen Film *»Orphée«* tastet sich Jean Moreau jenseits der Grenzen des Lebens durch die dichten Schwaden von Rauch und Nebel, *»Orpheo Negro«,* ein oskarprämierter Filmklassiker von 1959 – eine französisch-brasilianische Produktion – versetzt das Sujet in die bizarre Welt des Karneval von Rio. Auguste Rodin hat auch das Paar Orpheus und Eurydike in einer seiner berühmten Skulpturen verewigt, Nicolas Poussin und Marc Chagall in Szenen-Gemälden. Orpheus-Gedichte »von Vergil bis Ingeborg Bachmann« füllen einen ganzen 300-seitigen »Reclam-Band«. Ein Sammelband *»Schwarzer Orpheus«* enthält »Moderne Dichtung afrikanischer Völker beider Hemisphären.« Orpheus ist offensichtlich zu einer Chiffre geworden, zu einer Anschauungsmetapher für etwas dauerhaft Gültiges.

Orpheus' Abstieg in die Unterwelt

Doch was ist dieses Etwas, das diese Gestalt Orpheus oder diese Gestalten »Orpheus und Eurydike« unsterblich macht? Der Urtext, der Inspirationsquell der Geschichte sei dazu etwas genauer in den Blick genommen! Wie gestaltet Ovid seine Geschichte – in 80 Versen, die Kulturgeschichte gemacht haben? Am Anfang die Hochzeitsfeier. Man erwartet Freude und ausgelassene Stimmung. Doch da schon die trüben Vorboten des Unheils. Der Hochzeitsgott wird durch die Stimme des Orpheus vergeblich gerufen. Der Gott ist zwar da, doch keine festlichen Worte, keine lustigen Gesichter, kein glückliches Vorzeichen; die Hochzeitsfackel fängt kein Feuer, ihr Rauch reizt nur die Augen; Tränen füllen die Augen der Feiernden.

Das Wort »vergeblich« erhält durch die stilistische Gestaltung stärkste Betonung:

‹Hymenaeus› Orphea ***nequiquam*** *voce vocatur.*
(»Hymenaeus wird vergeblich von Orpheus' Stimme gerufen«)
(v. 3)

Es ist, wie sich zeigen wird, das sinntragende Wort, sozusagen das Leitmotiv der ganzen Erzählung. Die Vorstellung des »Vergeblichen« verbindet sich von Anfang an mit einer dumpfen Ahnung. Wie ein drohendes Gewitter lastet die Macht des Schicksals über allem. Und dieses bricht auch bald unerbittlich über die Festgesellschaft herein. Die mit ihren Freundinnen im Garten spazierende Braut wird von einer Giftschlange gebissen und sinkt leblos zu Boden. Die Geliebte ist tot, bereits am Tag der Hochzeit. Liebe und Tod: Das ist die Spannung, unter der die Geschichte von Anfang an steht und ihr die Dramatik gibt.

Orpheus, der alles bezaubernde Sänger, ist voller Trauer, er weint. Aber sein außergewöhnliches Genie drängt ihn, Unmögliches zu wagen. Er vertraut auf seine Kunst. Deshalb will er in die Unterwelt steigen, um auch bei den Schatten nichts unversucht zu lassen. Er wandert hinab zum Styx, dem Unterweltsfluss, immer dunkler und nebliger wird der Weg, der ihn vorbei an körperlosen, schemenhaften Völkern, wesenlosen Schattenbildern von Toten führt hin zu Proserpina und ihrem Gemahl, dem Herrscher des unwirtlichen Reiches der Schatten.

In der *»lichtlosen Dumpfheit der Totenwelt«* (Egon Römisch) greift Orpheus zur Leier und singt, an Götter und Bewohner des Totenreiches sich wendend.

Das Plädoyer für die Rückgabe der Eurydike
Sein Gesang zielt auf emotionale Erregung und ist zugleich von rationalem Anspruch. Orpheus singt argumentierend oder hält singend wie ein Anwalt – Ovid hatte ja Jura studiert – ein Plädoyer für seine geliebte Frau, die in das Schicksalsreich des Todes hinab zu sinken gezwungen worden sei. Sein Gesang hört sich so an (X 17 ff.):

> *»Oh ihr Gottheiten der unterirdischen Welt, in die wir Sterblichen allesamt einmal hinabsinken, ist es erlaubt und vergönnt ihr mir, ohne Verstellung und Umschweife die Wahrheit zu sagen, so höret: Nicht um den finsteren Tartarus zu schauen, stieg ich herab, nicht um die drei schlangenzottigen Hälse des Zerberus zu fesseln. Ich komme um meiner Gattin willen. Eine Natter, auf die ihr Fuß trat, hat sie vergiftet und sie in der Blüte der Jahre hingerafft. Ich wollte den Verlust ertragen, ich habe es versucht, das lässt sich nicht leugnen, allein Amor war stärker. Wohlbekannt ist dieser Gott in der Oberwelt; ob er es auch hier ist, weiß ich nicht, doch nehme ich an, dass er es auch hier ist, und wenn die Sage von jener Entführung in grauer Vorzeit nicht Unwahrheit kündet, so hat auch euch Amor verbunden. Bei diesen schauervollen Orten, bei dieser gewaltigen Öde, bei diesem riesigen Reich des Schweigens flehe ich, entzündet Eurydikes allzu rasch erloschenes Lebenslicht aufs Neue! Wir sind euch ja alle bestimmt, und nach kurzer Frist eilen wir, ob früher oder später, alle an den einen Ort. Wir alle richten hierher unseren Lauf, das ist unser letztes Zuhause, und ihr herrscht über das Menschengeschlecht am allerlängsten. Auch Eurydike wird, wenn sie die gebührende Zahl von Jahren durchlebt hat und ihre Stunde kommt, euch verfallen sein. So will ich kein Geschenk von euch, nur eine Gabe auf Zeit. Wenn aber das Schicksal der Gattin*

diese Gnade versagt, dann ist es mein fester Wille, nicht zurückzukehren: Freut euch dann am Tod von uns beiden.«

(Prosa-Übersetzung: Gerhard Fink)

Der Leitsatz in Orpheus' gesungenem Plädoyer ist: Vicit Amor. *»Die Liebe hat gesiegt.«* Er hat es versucht, den Tod der geliebten Frau zu ertragen; er konnte es nicht. Den Mut zu seiner Tat, in der Unterwelt aufzutreten, hat ihm auch das Gerücht gegeben, dass diese göttliche Macht der Liebe auch in der Unterwelt nicht unbekannt ist, da Pluto, der Herrscher im Totenreich, auch aus Liebe Proserpina geraubt habe, also beide ebenso durch Liebe verbunden seien. *»Auch euch hat die Liebe verbunden.«* Der Appell an den gleichen Grundton des Gefühls schafft den emotionalen Raum, in dem Orpheus seine beschwörende Bitte vorträgt, das zu schnell gekommene Todesschicksal seiner Frau wieder rückgängig zu machen. *»Das Schicksalsgewebe soll für Eurydike aufgelöst werden.«* (Michael v. Albrecht, 1984). Diese Bitte wird geradezu mit juristischer Beweisführung begründet: Dem Totenreich sei alles geschuldet, über kurz oder lang kehre jeder an diesen Wohnort zurück, in die für jeden letzte Behausung; die Unterweltsgötter hätten ja die längste Herrschaft in Händen.

Diese ihnen zu Recht zustehende Macht wolle er, Orpheus, nicht antasten. Wenn er Eurydike zurückverlange, so nur als Leihgabe, zur »*Nutznießung* auf Zeit« (Otto Römisch, 1976), nicht als Geschenk. Sobald seine Frau die ihr rechtmäßig zustehenden Jahre (*iustos … annos* X 36) hinter sich gebracht habe, werde sie wieder dem Rechtsbereich des Todes anheimfallen. Orpheus erkennt Recht und Herrschaft der Unterwelt an; was er beklagt, was er anklagt, ist, dass Eurydike zu früh starb, dass sie die ihr zu bemessenen Jahre nicht zu Ende leben durfte. Was er nicht anerkennt, ist die Macht des Schicksals, das an kein Gesetz gebunden ist, so dass der Zeitpunkt seines Eingreifens in das menschliche Leben dem Wissen des Menschen nicht fassbar wird: Der Mensch hat – das ist das große Missverständnis des Orpheus bezüglich des *»Naturrechts des Menschen auf ein Leben«* (v. Albrecht 1984) – kein Recht, für sich oder einen anderen eine *»rechtmäßig«* bemessene Lebensdauer in Anspruch zu nehmen. Im Grund ist Orpheus' Wagnis nicht auf die Totenwelt und deren Herrscher gerichtet; er wendet sich an oder gegen das Schicksal, gegen das Fatum – auch dies ein Leitwort des Textes, das an zentralen Stellen begegnet: als *»Todesschicksal«* und als *»waltende Schicksalsmacht über allem«*, die nach Orpheus' Glauben dem Menschen Nachsicht, Huld, Gnade zeigen kann.

Wenn in diesem Fall das Schicksal die erflehte Gnade für die Frau versagt, so will Orpheus nicht zurückkehren, er will auch des Todes sein – eine trotzig-aggressive Herausforderung an das Schicksal, das bezwungen werden soll. Der Sänger droht mit seinem Freitod. Da wird nun ein schon in der Antike bekannter Mechanismus fassbar, demzufolge beim Tod des oder der Geliebten auch der Partner des Liebesverhältnisses sich das Leben nimmt (man denke an die Geschichte von Pyramus und Thisbe, später Romeo und Julia). Dieser Mechanismus wird hier in der Auseinandersetzung von Mensch und Schicksal gewissermaßen funktionalisiert, insofern ihn Orpheus als Drohung, als psychologisches Druckmittel gegen das Schicksal einsetzen zu können glaubt. So enthält die hier aufbrechende menschliche Problematik eine tiefe existenzielle Dimension: Kann der Mensch dem Schicksal drohen? In dieser Drohgebärde bricht Irrationales durch; vor dem Hintergrund der rational geführten Argumentation wirkt dies um so bestürzender, aufregender, beeindruckender. Es ist der verzweifelte Ausdruck eines Menschen, *»der sich um eine sinnvolle Existenz betrogen sieht«* (Römisch, 1976).

Mit welchen Emotionen reagieren also die Zuhörer in der Unterwelt? Die blutlosen Seelen weinen. Tantalus greift nicht nach der zurückweichenden Woge, das Rad, an das Ixion gekettet ist, steht still, die Geier reißen nicht an der Leber des an den Boden gefesselten Tityos, die Krüge der ewig in ein Fass ohne Boden Wasser gießenden Danaiden bleiben leer. Sisyphos bleibt auf seinem Felsen sitzen. Selbst die Wangen der Erinnyen, der Rachegeister, der Furien sollen da erstmals sich mit Tränen befeuchtet haben. Warum sind diese Figuren, vor allem die leidenden Sträflinge, die sogenannten Unterweltsbüßer, in das ganze Szenario aufgenommen. Gewiss, um das unsagbar Schreckliche dieses Ortes zu illustrieren.

Vor allem aber ohne Zweifel deswegen, um den Eindruck, den die bezaubernde Kraft des Sängers hervorruft, gefühlsmäßig spürbar zu machen. Die Wirkung seiner Kunst soll als so stark empfunden werden, dass selbst die größten Büßer der Menschheit von den ihnen vom Schicksal aufgebürdeten Strafarbeiten und Qualen für einen Augenblick der Ewigkeit befreit sind und sich sogar die immer harten Rachegeister zu Tränen rühren lassen. Durch die Kunst des liebeskranken Orpheus wird *»die im Hades gewohnte Ordnung völlig erschüttert.«* (Otto Schönberger, 1976). Ein weiterer, noch tieferer Grund für die Funktion dieser Gestalten innerhalb der Geschichte, wird uns erst am Ende voll zugänglich und verständlich werden.

Rückgabe der Frau unter einer Bedingung

Wie aber reagieren die Mächtigen der Unterwelt? Persephone und Pluto bringen es nicht über sich, sich den flehenden, eindringlich rührenden Wortes des Orpheus zu versagen. Es entsteht der Eindruck, als ob der Sänger in seinem Widerspruch oder Einspruch gegen das Schicksal Erfolg habe. Denn Eurydike, die noch unter den frischen Schatten weilt, wird herbeigerufen, sie nähert sich ob des Schlangenbisses mit langsamen Schritten. Die Unterweltherrscher geben Orpheus seine Frau zurück, jedoch unter der Bedingung, sich nicht nach ihr umzudrehen und zu ihr zurückzublicken, bis sie die avernischen Talschluchten (also das Totenreich) hinter sich gelassen hätten. Andernfalls würde das Geschenk zunichte sein, sein ganzes Bemühen erfolglos (inrita dona futura v. 52). Mann achte wieder auf das Stichwort *»vergeblich«, »umsonst« »erfolglos«* (inrita).

Orpheus und Eurydike machen sich dann auf den Weg zur Oberwelt; dieser ist in Schweigen gehüllt, steil, dunkel, er führt durch dichte Finsternis; eine Atmosphäre des Unwirtlichen und der befremdenden Härte umgibt die aufwärts Steigenden. Das Dunkel um sie wird immer undurchdringlicher. Nicht mehr weit vom Rand der Oberwelt entfernt schaut Orpheus um. Warum? Der Liebende hat Angst, die Geliebte könnte ermatten, und er ist voll Verlangen, sie zu sehen:

> *»Fürchtend, sie könnte ermatten, und voller Verlangen sie zu sehen, wendet er liebend die Augen … (v. 56 f.)*

Das ist der entscheidende Augenblick der Geschichte, so etwas wie die Peripetie des Dramas; die Geschichte wendet sich zur endgültigen Katastrophe. Ohne dass sich die beiden auch nur einmal berührt haben, entgleitet Eurydike auf der Stelle Orpheus wieder. Sie streckt ihre Arme aus, bemüht zu ergreifen und ergriffen zu werden, doch sie fasst nichts als nur zurückweichende Luft. Eurydike stirbt ein zweites Mal (iterum moriens, v. 60). Diesmal ist Orpheus an ihrem Tod schuld. Doch sie beklagt sich nicht über ihren Gemahl. Worüber hätte sie sich denn beklagen können? Allenfalls über seine Liebe. Ein letztes Lebewohl haucht sie ihm zu. Die Geliebte verschwindet wieder dorthin, woher sie gekommen. Der Hades gibt sie nicht frei, hält sie gewaltsam zurück.

Orpheus ist schockiert, erstarrt. Ein zweiter Versuch, in die Unterwelt einzudringen, wird ihm versagt; er bittet vergeblich darum (orantem frustra, v. 72). Erneut an markanter Stelle das Stichwort *»vergeblich«* (frustra). Sieben Tage trauert der Sänger, ohne zu essen. Zeichen dafür, dass er *»Eurydikes Tod innerlich miterlebt, gleichsam mit ihr stirbt«*. (v. Albrecht, 96). Der hier vergeblich erfolgreiche Sänger klagt die Grausamkeit der Götter an und zieht sich, aller Frauenliebe entsagend, in das Rhodope-Gebirge nach Thrakien zurück, wo er bald ums Leben kommt.

Orpheus und Eurydike – Joseph Thorak Arno Brekker 1944

Das Scheitern des Künstlers

Der Orpheus-Mythos ist ein phantastisches Spiel mit der Wirklichkeit. Er enthält jedoch eine Wahrheit. Welches ist diese »Wahrheit«? Was sagt der Mythos über die Befindlichkeit des Menschen aus, so dass ihm eine solch mächtige Wirkungsgeschichte zukommen konnte. Das Totenreich ist ein Ort des Schreckens, des Schweigens, der Dunkelheit, der Härte und Kälte, allem Lichten, Freudvollem, allem Persönlichen fern. In diese Welt ist ein Mensch eingedrungen und hat sie durch seine übermenschliche Kraft des Rede-Gesanges für einen Augenblick der Ewigkeit anders sein lassen; in diesem Augenblick wurde Eurydike, die schon Teil dieser Welt war, aus ihr freigegeben; doch ihre Entlassung kommt zu keinem glücklichen Ende. Sie wird fast brutal von Hades zurückgerissen; sie war ihrem Schicksal nicht zu entreißen. Ovid demonstriert die Härte des im Totenreich waltenden Schicksals. Orpheus betritt am Anfang zaubermächtig diese allem Leben ferne Welt, wirkt als Argumentierender, Liebender, Bittender, Zorniger, Drohender auf sie ein – mit scheinbarem Erfolg. Doch am Ende scheitert er. Der alles Menschenmaß übersteigende Künstler enthüllt seine irdische Kreatur dadurch, dass er wie jeder andere gegen die Allmacht des Schicksals, gegen die Grausamkeit der Götter der Finsternis nicht ankommt, daran verzweifelt.

Doch, so fragen alle tiefer denkenden Leser, hätte es nicht anders kommen können, wenn sich Orpheus an die ihm gestellte Bedingung gehalten hätte? Warum hat er sich umgedreht und zurückgeblickt? Von dieser Frage, die sich an der Peripetie der Geschichte – dort, wo sie zur Katastrophe umkippt, – festmacht, haben sich Künstler, Dichter und Denker aller Zeiten provozieren lassen. Ihre Antworten sind phantastisch und sehr verschieden; einige seien angedeutet:

Der Dichter Vergil (1. Jh. v. Chr.) sieht den Grund im *»Wahnsinn«, »im plötzlichen Von-Sinnen-Sein« des* Orpheus, der Philosoph Seneca (1. Jh. n.Chr.) in *»der echten Liebe«* oder im *»Misstrauen«* des Mannes. Der Italiener Angelo Poliziano (15. Jh.) meint, Orpheus habe sich umgedreht *»aus jubelnder Begeisterung für die Frau«,* sein Landsmann Calzabigi (18. Jh.) schiebt die Schuld Eurydike zu, die ihren Mann durch das Liebesverlangen provoziert habe. Nach Oskar Kokoschka (20. Jh.) schließlich habe sich der Sänger *»aus Eifersucht auf Hades«* umgedreht.

All diese Gründe sind durchaus plausibel – für sich genommen. Und doch ist die Lösung Ovids – bezogen auf die Entwicklung der Geschichte – sehr viel einleuchtender und menschlich verständlicher. Eurydike muss ja, durch die von der Schlange verursachte Wunde behindert, langsamen Schrittes den steilen, dunklen, in Nebel gehüllten Pfad aufwärts steigen; Orpheus' Angst, die geliebte Frau könnten ihre

Kräfte im Stich lassen, ist begreiflich; er dreht sich spontan aus liebender Fürsorge um seine Frau um. Aber auch dieser Grund reicht dem tiefer nachsinnenden Leser oder Hörer nicht aus, er scheint ihm zu vordergründig. In seiner existenziellen Dimension enthält der Mythos eine viel tiefer greifende Wahrheit. Sie lässt sich nicht allein aus dem Wesen und Verhalten des Menschen innerhalb der Geschichte erschließen.

Es drängt sich die radikale Frage auf: Warum verläuft die Geschichte so, dass Orpheus sich umschauen muss? Warum wird überhaupt dieses Gebot vom Dichter oder Mythos-Gestalter aufgestellt, demzufolge er, wenn er sich umdreht, seines Erfolges verlustig geht? Die Antwort darauf gibt am ehesten der Vergleich mit Nachgestaltungen der Orpheusgeschichte. Dabei interessiert, was Orpheus durch sein Tun erreicht oder nicht erreicht.

Der mittelalterliche Dichter **Theoderich von St. Trond** (gest. 1107) lässt die Geschichte in seinem lateinischen Werk *De nummo* so enden:

»Bauend auf die Kraft der Kunst hat sein Einsatz des Geistes
Tapfer entrissen dem Styx, was er gewollt hat.
So besiegt Kunst die Natur, wenn Eifer dazu kommt,
Und beweist, dass der Herrin Tüchtigkeit alles weicht.«

Hier verhindert Orpheus Eurydikes endgültigen Tod; seine Kunst über-windet die Natur. Der Tüchtigkeit des Menschen, dafür ist der Beweis geliefert, hat alles, selbst der Tod zu »weichen«, also seine Macht aufzugeben. Der Tod wird durch menschliche Leistung außer Kraft gesetzt. Für Theoderich ist Orpheus *»ein Exemplum für die Allmacht von Tüchtigkeit, Arbeit, und eifrigem Einsatz«* (virtus, labor, studium) (Heitmann, K.1963).

Bei **Christoph Willibald Gluck** (Oper 1762 nach Raniero di Calzabigi) verliert Orpheus seine Eurydike zum zweiten Mal, weil er sich aus Liebe zu ihr umdreht – sie hat ihm vorher Gefühlskälte vorgeworfen, ihn also provoziert. Da sich Orpheus daraufhin selbst töten will (wie er es schon bei Ovid androht), erscheint nochmals Eros und verkündet dem standhaften Sänger ein neues Leben an der Seite seiner Frau, die am Leben bleibt.

(Dritter Aufzug, zweiter Auftritt)
»Eros (entwaffnet Orpheus): Sag an, was tust du?
Orpheus: Und wer bist du, der sich so dreist vermessen,
Meine Klagen hier zu stören, die mir der Schmerz erpresst?
Eros: Banne dieses wilde Rasen, sei ruhig!
Eros erkenn' in mir wieder!
Orpheus: Ha, du bist's! Wohl erkenn' ich dich.
Des Jammers Wahnsinn hielt meine Sinne umfangen.
Weshalb erschienst du zu solch schrecklicher Stunde?
Was wünschest du?
Eros: Dich zu beglücken!
Geduldest hast du genug für Kupidos Ruhm,
Und deine Treue hat getrotzt allen Stürmen.
(Eurydike erhebt sich, als erwachte sie aus tiefem Schlafe)
Siehe, sie atmet, wieder gehört sie dir!
Orpheus: Was seh' ich, ihr Götter? Holde!
Eurydike: Mein Gatte!
Orpheus: Lass dich umarmen!
Eurydike: Ich drücke ans Herz dich wieder!
Orpheus (zu Eros): Ja, ewig sei dir mein Dank geweiht!
Eros: Folgt mir, ich führ' euch, ihr zärtlich liebenden Gatten,
verlasset den Hades, kehrt zurück auf die Erde!
Orpheus: O Tag der Wonne, du güt'ger Eros!
Eurydike: O Stunde unnennbarer Freuden!
Eros: Durch mich belohnt nun Entzücken all eure Leiden!»

In beiden Nachgestaltungen ist der antike Mythos in seinem Kern verändert: Die Autoren haben eine versöhnliche Lösung gefunden.

Im einen Fall verwirklicht die dichterische Imagination, das Spiel der Phantasie mit der Wirklichkeit die uralte Hoffnung, dass menschliche Kunst und Leistung (ars/virtus) das Schicksal des Todes bezwingt. Im anderen verschafft die Illusion der Oper den Raum, in dem sich – entgegen dem antiken Sujet – zur Zufriedenheit des Publikums das Glück einer aus dem Tod geretteten Liebe erfüllt.

Verglichen damit ist die antike, ovidische Lösung hart und grausam. Ist sie aber unmenschlich, d. h. dem Menschen nicht gemäß? Der einmal verstorbene Mensch wird dort nicht auf die Oberwelt, ins Leben zurückgelassen. Es helfen dem Orpheus weder die Klugheit seiner Argumente noch die alles betörende Kunst seiner Stimme noch die Drohung des Selbstmords. Warum? Eurydike kann nicht zurückkehren, weil noch kein Mensch aus dem Totenreich zurückgekehrt ist; der Tod ist unwiderruflich. Dagegen vermögen stärkste Liebe und stärkste Zauberkraft (hier des Gesangs) nichts auszurichten. Zwischen Liebe und Tod gibt es im letzten keine Vermittlung. *»Die Geschichte ist von ›hinten‹* (d. h. von der Zukunft her, der Verf.) *nicht zu korrigieren.«* So der Wiener Philosoph Konrad Paul Liessmann (2007). Das ist der tiefere Grund für das Gebot der Unterweltherrscher und für dessen Missachtung: ein Naturgesetz, die Gesetzmäßigkeit der Weltordnung.

Zwar trägt Orpheus im vordergründigen Ablauf des Geschehens die Schuld am zweiten Tod seiner Frau. Insofern er trotz bester Absicht versagt, ist seine Situation tragisch; das Drama hat deutlich die Züge einer griechischen Tragödie. Doch der Dichter, der antike Mythos-Gestalter, kann die Geschichte nicht anders enden lassen, weil er jenem unumstößlichen Naturgesetz sein Recht belassen will; dies ist ein Ausdruck von poetischer Gerechtigkeit. Das Naturgesetz, die Weltordnung, die der Dichter nicht aufzuheben beabsichtigt, wird als die Macht des Schicksals (*fatum/fata*) empfunden. Vom Ende der Geschichte her wird voll einsichtig, warum von den ersten Versen an das Moment des Schicksalhaften vorherrscht.

Die absolute Wahrheit der Geschichte

Es wird nun auch verständlich, dass sich Orpheus nicht so sehr mit den Herrschern der Unterwelt auseinandersetzt, sondern mit dem Schicksal, dem er zwar kleine Erfolge abringt, dessen unnachgiebige Härte er aber am Ende zu spüren bekommt; eine Härte, die sich spiegelt in der ganzen Atmosphäre der Totenwelt wie auch in den inneren und äußeren Vorgängen der Handelnden: im kalten, beziehungslosen Nebeneinander von Orpheus und Eurydike, im fast brutalen Zurückgerissen werden der Frau in den Hades. In der Tiefe der Geschichte ist uns so *»die absolute Wahrheit«* des Orpheus-Mythos fassbar geworden – wie sie nach dem Italiener Raffaele Pettazzoni (1982, 254) jedem Mythos zugrunde liegt.

An dieser Wahrheit haben Rezipienten des Mittelalters und der Neuzeit willkürlich gedreht, von Zeitgeist und Ausdrucksmedium veranlasst. Hält man allerdings ihre »Produkte« gegen Ovids Urfassung, so ist sonnenklar: Indem die späteren Mythosgestalter einen humaneren, weil versöhnlicheren Ausgang suchen, erweisen sie sich zugleich als inhuman, weil sie das menschlichste aller Gesetze, die Unwiderruflichkeit des Todesschicksals, außer Kraft setzen. Niemand kommt gegen den Tod an. Auferstehung kommt nicht durch menschliche Leistung zustande.

Auferstehung ereignet sich auf einer anderen transsubstantialen, metaphysischen, religiösen Ebene. Die Orpheussage ist gewissermaßen auf dem Wege zur christlichen Auferstehungsbotschaft. Orpheus ist nicht Christus. Und doch hat man ihn schon sehr früh – z. B. auf einer Grabstele des 4./5. Jh. n. Chr. – mit Christus identifiziert. Diese Identifikation findet in der Verbindung Christus-Orpheus ihren sichtbaren Ausdruck. Die mittelalterliche Religiosität stellt freilich Christus als verus Orpheus, als *»wahren Orpheus«*, dem antiken Orpheus ausdrücklich entgegen.

Der antike Mythos freilich enthält, so viel sollte deutlich geworden sein, eine andere nichtchristliche Botschaft. Es ist die Botschaft des menschlichen Scheiterns. In den drei Hauptszenen des Ovidtextes begegnen nicht zufällig die drei im Lateinischen möglichen Ausdrücke dafür: am Anfang: nequiquam v.4 *(»vergeblich«)* – in der Mitte: inrita v.52: *(»erfolglos«)* – am Ende: frustra v. 72 *(»umsonst«)*. *»Vergeblich«* ist das große Leitwort des Textes. Die Orpheus-Geschichte erweist sich also als der Mythos vom vergeblichen und sinnlosen Mühen und Streben des Menschen. Diese Urerfahrung wird auch durch den Auftritt der Unterweltbüßer Tantalus, Sisyphus, Danaiden bekräftigt und vertieft. In ihren Strafen tritt die Unaufhörlichkeit eines erfolg- und sinnlosen Tuns drastisch vor Augen. Orpheus ist das Symbol der Vergeblichkeit, der menschlichen Frustration.

Carl Orff in unserer Zeit trifft, da er ja bekanntlich in all seinen Antike-Rezeptionen dem Original treu oder sehr nahe bleibt, die im Ovid-Text fassbare Wahrheit, den Kern der Geschichte wieder in der Mitte. In seiner an Monteverdi anknüpfenden Oper (1930) bleibt Eurydike auf ewig verloren. Das Werk endet mit dem Gesang des Orpheus:

> *»O lass mich untergehen in Deinem Traum, in dir!*
> *In diesem klaglos stillen Dunkel!*
> *Ach, Eurydike, Geliebte,*
> *Quell aller Wonnen, du aller Sehnsucht Qual –*
> *Born aller Tränen, du meiner Liebe Traum,*
> *du meines Herzens ganze Seligkeit!*
> *Eurydike hab' ich verloren,*
> *ewig verloren Eurydike!«*

»Ewig verloren«: auch die Gestalten Orpheus und Eurydike? Warum ist das über sie angestimmte Lied von Liebe und Tod unsterblich geworden? Dieser Mythos gehört zu den *»in die Psyche Europas versenkten Erinnerungsbildern«*, wie es der Germanist Wolfram Wuttke ausdrückt. Er ist ein steter Anstoß der Erinnerung. Eine amerikanische Journalistin erinnerte sich z. B. – in einer eindrucksvollen Zeitungsreportage – an diesen Mythos, als ihr das tränenüberströmte Gesicht jener jungen Amerikanerin vor Augen trat, die noch Tage nach dem Inferno des 11. September in den von Rauchnebeln verhüllten Trümmern des eingestürzten World-Trade-Centers nach ihrem vermissten Geliebten suchte? Erst wenige Tage zuvor hatte sie sich mit ihm verlobt. Nun hat sie den Mann auf ewig verloren. Ihr traurig-trauerndes Bild ging durch die Weltpresse. Hat sich da nicht wirklich; so die Frage der Journalistin, – mit vertauschten Rollen – das Orpheus-Schicksal der Moderne ereignet? Die Absurdität des vergeblichen Wartens, Suchens und Hoffens? Der erfolglose Versuch, den eigenen Willen gegen die unerbittliche Macht des Schicksals zu stemmen? Eine solch bittere Erfahrung, der jeder Mensch ausgeliefert ist, ist ohne allen Zweifel an Zeit und Grenzen nicht gebunden. Eben deshalb wird das Lied von Liebe und Tod, wie wir es im Mythos von Orpheus und Eurydike vernehmen, weiter zu allen Zeiten gesungen und gehört werden. Beide Gestalten bleiben auf ewig präsent.

Literaturhinweise:

Albrecht v. M.: Orpheus und Eurydike. In: Consilia, Lehrerkommentar. Interpretationsvorschläge zu Ovids Metamorphosen, Göttingen. 1984.

Heitmann, K.: Typen der Deformierung antiker Mythen im Mittelalter. Am Beispiel der Orpheussage. In: Romanistisches Jahrbuch XIV (1963).

Liessmann, K.P.: Die Zukunft kommt. Wien/Graz 2007.

Maier, F.: Lateinunterricht zwischen Tradition und Fortschritt, Bd.3. Bamberg 1995, 3. Aufl.,166 ff.

Europa, Ikarus, Orpheus. Abendländische Symbolfiguren in Ovids Metamorphosen, ANTIKE UND GEGENWART, Textausgabe und Lehrerkommentar. Bamberg 1995 ff.

Olbrich, W.: Warum hat Orpheus sich umgedreht? Variationen zu einem klassischen Thema. In: Anregung 28 (1982), 378 ff.

Pettazzoni, R.: Die Wahrheit des Mythos. In: Die Eröffnung des Zugangs zum Mythos (hg. von Kerenyi, K.). Darmstadt 1982, 253 ff.

Römisch, E.: Orpheus und Eurydike. In: Metamorphosen Ovids im Unterricht, Heidelberg 1946.

Wuttke, W.: Warburg, Curtius und Latein für Europa. In: Die deutsche Tagespost von 23./24. 12. 1982, Sonderbeilage S. VI.

Menschenhass und Menschenliebe

Urtriebe der Seele – als poetisches Kontrastprogramm

Ein eigenartiges Bild, das den Betrachter in Staunen versetzt, gewiss auch zu Fragen anregt. Was ist hier dargestellt? Was sind das für Wesen, die da in einem Tümpel arbeiten? Wohin ist ihr Blick so angestrengt und erregt gerichtet? Wo ist dieses Gemälde zu sehen? Wer hat es geschaffen? Nach welcher Idee oder Vorlage? Man kann es in München, an der Decke im Prunksaal von Schloss Nymphenburg sehen. Es ist Teil des Deckenfreskos, das von Johann Baptist Zimmermann im 18. Jh. geschaffen worden ist. Ein gewaltiges Szenario, das sich zwischen Himmel und Erde abspielt. Oben die Olympischen Götter. Links unten eine Frau mit ihren zwei Kindern in den Armen. Unten rechts, im Bild abgedruckt nur der Abschnitt, in dem sich Bauern tummeln, – manche von ihnen mit tierischen Gesichtern und wilden Gebärden.

Die Lykischen Bauern

Die Vorlage zu dieser Deckendekoration ist eine der 250 Geschichten, die in den »Metamorphosen« (»*Verwandlungsgeschichten*«) des römischen Dichters Ovid phantasievoll ausgestaltet sind. Dieses Werk, längst zur Weltliteratur zählend, ist wohl das wirkungsmächtigste der ganzen Antike. Aus ihr kamen und kommen Impulse zur kreativen Umgestaltung in unüberschaubarer Fülle in nahezu allen Medien der Kunst, der Malerei, Bildhauerei, Musik und Literatur. Bekannt sind allen die Episoden von »Orpheus und Eurydike«, von »Europa auf dem Stier«, von »Dädalus und Ikarus«, von »Pyramus und Thisbe« (»Romeo und Julia« bei Shakespeare), von »Pygmalion« (Bernhard Shaw: Pygmalion › »My fair Lady«), »Narzissus« (»Narzisse«, »narzisstisch«).

Die dem abgedruckten Bild zugrunde liegende Geschichte ist die Episode von den »Lykischen Bauern«. Wie verläuft sie? In Kleinasien liegt die Landschaft Lykien, eine raue und unwirtliche Gegend, wüstenähnlich. Dahin gelangt die Göttin Latona, einst Jupiters Geliebte, dem sie ein berühmtes Zwillingspaar gebar: den Gott Apollo und die Göttin Artemis (Diana). Sie ist mit ihren kurz zuvor geborenen Kindern auf der Flucht vor der rachsüchtigen Jupitergemahlin Juno. Ihre Lage ist elend: Sie leidet an der sengenden Sonne des Südens, ist erschöpft wegen des langen Marsches, hat großen Durst ob des glühend heißen Gestirns, der Sonne; ihre Brüste sind von den gierigen Mäulern der Kleinen leer gesogen. Da trifft die Notleidende zufällig auf einen in der Senke liegenden See mit wenig Wasser, der aber doch ein Ort von lebendiger, Leben spendender Natur ist: eine Oase in der Wüste. In scharfen Kontrast gestellt sind die Leben vernichtende Öde hier, die Leben erhaltende Wasserstelle dort. Wörtlich nun das Original der Erzählung VI 343-381.

Grausame Bauern

»Zufällig sah sie da einen Teich mit mäßig viel Wasser tief im Tal. Dort sammelten gerade Bauern buschige Weiden und Binsen und Schilf, das in Sümpfen gedeiht. Latona trat näher und ließ sich auf

die Knie nieder, um kühles Nass zum Trinken zu schöpfen — doch der Bauernhaufen verwehrt es! Die Göttin aber sprach so zu den Leuten, die es ihr verwehrten: was lasst ihr mich nicht an das Wasser? Es ist doch allen gestattet, sich davon zu nehmen. Weder den Sonnenschein noch die Luft hat die Natur zu irgend jemands Eigentum gemacht, auch nicht die klaren Wellen. Zu Gaben, die allen gehören, bin ich gekommen. Trotzdem bitte ich kniefällig darum, dass ihr sie mir gewährt. Ich wollte ja nicht im Bad die ermatteten Glieder erquicken, allein den Durst möchte ich stillen. Ganz trocken ist mir der Mund, wenn ich sprechen will, ausgedörrt die Kehle; kaum findet in ihr die Stimme den Weg. Ein Schluck Wasser wird Nektar für mich sein, und ich gebe gern zu, dass ich damit neues Leben empfange – ja, ihr gebt mir mit dem Wasser das Leben! Auch von diesen da lasst euch rühren, die an meiner Brust die Ärmchen ausstrecken‹ – und zufällig streckten die Kleinen gerade die Arme aus.

Wen hätten die flehenden Worte der Göttin nicht gerührt? Aber diese Kerle bringen es über sich, sie trotz ihrer Bitten abzuweisen, drohen ihr, wenn sie nicht spurlos verschwinde, und beschimpfen sie obendrein. Und das reicht ihnen noch nicht: Den Teich selbst trüben sie mit Händen und Füßen und wirbeln vom untersten Grund allenthalben den Schlamm auf, indem sie in ihrer Bosheit hineinspringen.

Da hat ihr Zorn Latonas Durst vertrieben; die Tochter des Koios verschwendet an die Nichtswürdigen keine Bitten mehr und lässt sich nicht mehr zu Worten herab, die einer Himmlischen nicht anstehen, sondern erhebt die Hände zum Himmel und spricht: ›Lebt denn auf ewig in diesem Tümpel!‹

Der Wunsch der Göttin erfüllt sich: Es macht ihnen Spaß, unter Wasser zu bleiben und bald ganz im tiefen Schlamm die Glieder zu bergen, jetzt den Kopf herauszustrecken, bald an der Wasseroberfläche zu schwimmen, oft sich am Ufer des Weihers niederzulassen, oft wieder in die kühlen Fluten des Sees zurückzuspringen. Doch auch jetzt noch zerreißen sie ihre Schandmäuler mit Geschimpfe und, wiewohl unter Wasser, setzen sie unverschämt unter Wasser ihr quäkendes Quengeln noch fort.

Schon ist ihre Stimme heiser, die aufgeblähten Hälse schwellen an, und gerade das Gezeter lässt ihre aufgerissenen Mäuler immer weiter auseinanderklaffen. Ihr Rücken reicht bis zum Kopf, der Hals ist scheinbar verschwunden, der Bauch – an ihrem Körper das Größte – wird weiß, und so hüpfen sie nun im Sumpfe herum als neugeschaffene Frösche.«

(Prosa-Übersetzung: Gerhard Fink)

Welche Botschaft will diese in Form und Aussage vollendete Geschichte vermitteln? Was ist ihr tieferer Sinn? Die Not wäre an der Oase für die Göttin und ihre Kinder zu Ende, wenn es da nicht Menschen gäbe, Landarbeiter, Bauern, die nicht zulassen, was das Naturgesetz gebietet, nämlich Verdürstende trinken zu lassen. Die Männer erteilen der auf die Knie gesunkenen Frau ein Verbot; sie wissen nicht, dass sie eine Göttin vor sich haben. Der Ton ihrer Anrede muss von schneidender Härte sein. In drei Wörter gefasst: *»Der Bauernhaufe verwehrt's.« (v. 348)* Das sich Hinknien mit erhobenen Händen hat man als eine Urgeste des Menschen bezeichnet, der sich vorbehaltslos dem Wohlwollen des Anderen überlässt. Die Frau setzt trotz des Widerstands der Männer ihr Flehen fort, sie tut dies in der Form einer argumentierenden Rede. Wasser sei doch der gemeinsame Besitz aller Menschen wie Sonne und Luft. *»Ich bin zu einer Gabe gekommen, die der Allgemeinheit zusteht.«(v.351)* Niemand kann einem deshalb diese Gabe verwehren. Trotzdem bittet sie inständig darum, da sie ja nur ihre Lebensnot beseitigen will. *»Mit dem Wasser werdet ihr mir das Leben gegeben haben.« (v. 357)* Sie verweist auf ihre kleinen Kinder, die die Landarbeiter zu Mitleid bewegen sollen und die zufällig gerade die Arme ausstrecken. Die Göttin hält fast ein juristisches Plädoyer, das durch die Gesten der Säuglinge unterstützt wird.

Argumentation und Rührungsabsicht verfehlen jedoch die Wirkung. Die Bauern beharren auf ihrem Verbot und fügen Drohungen hinzu, falls sie nicht verschwinde, und obendrein Schimpfworte. Auf die begründende Gegenrede folgen Gezänk, Schmähung, ein gehässiger Befehl, etwa: *»Nichts da! Hau ab! Weg von hier!«* Diese Landarbeiter reagieren nur als Haufen, als Masse, nicht als Einzelwesen, sie sind unfähig zum Gespräch, dazu, sich anderen mitzuteilen. Diese Unfähigkeit zur Kommunikation ist das hervorstechende Symptom ihres Wesens, das von Mitleidlosigkeit, von Mangel an Einfühlungsgabe, geradezu von Gehässigkeit geprägt ist, so dass ihr anschließendes Tun nur die letzte Konsequenz der Manifestation ihres Charakters ist. Sie sind gefühllose Tölpel. Roh, brutal, unmenschlich wühlen sie vom untersten Grund den Schlamm auf, machen das Wasser ungenießbar, geben so die Verdürstenden dem Tod preis. Sie verschmutzen das Wasser mit böswilligem Hin- und Herspringen wie Tiere: Knausrigkeit, Bösartigkeit, Böswilligkeit ist der innerste Kern ihres Wesens.

Der Zorn der Göttin

Auf die kaum mehr zu steigernde Äußerung ihrer Wesensart folgt abrupt die Epiphanie der Göttin. Latona zeigt sich in ihrer überirdischen Macht. Sie verdrängt den Durst aus Zorn, verliert keine weiteren Worte mehr, die unter der Würde einer Göttin lägen, sondern mit erhobenen Händen spricht sie die Verfluchungsformel, welche die Metamorphose einleitet: *»Ihr sollt auf ewig in diesem Tümpel leben!«* (v.369). Der Wunsch der Göttin erfüllt sich. Die Verwandlung setzt sich aus der unmittelbaren Situation in Gang. Die im Teich herumtrampelnden Bauern bekommen Lust an ihrer Sprungaktion; sie setzen ihr begonnenes Tun unaufhörlich fort. Sie behalten auch jetzt das hervorstechende Symptom ihres Wesens, ihre Bosheit, ihre Schimpf- und Schmähsucht bei.

> *»Doch auch jetzt noch zerreißen sie ihre Schandmäuler mit Geschimpfe und, wiewohl unter Wasser, unter Wasser setzen sie unverschämt ihr schmähendes Quengeln noch fort.« (v. 374 ff.)*

Im lateinischen Text ist das so glanzvoll lautmalerisch ausgedrückt, dass daraus der wohl berühmteste Vers der römischen Antike entstanden ist:

> *Quamvis sint sub aqua, sub aqua maledicere temptant.*
> *(v. 376)*

Bereits hier ahnen die Leser/Hörer, auf welches Tier wohl die Verwandlung hinausläuft. Die sich verwandelnden Wesen tun dies, nachdem sie den letzten Rest ihrer Zurückhaltung, ihrer Scham, Achtung und Ehrfurcht aufgegeben haben. Dieses Defizit an Schamgefühl ist offensichtlich das Korrelat der bereits erkannten Knausrigkeit und Bosheit. Aus diesen Fehlhaltungen resultiert die extreme Sprachlosigkeit, die sich in brutalen, unmenschlichen Aktivismus umsetzt. *»Die Entsprachlichung des Menschen ist die Entmenschung des Menschen.«* So hat dies der Zeitkritiker Bruno Liebrucks (1974) allgemein festgestellt.

Solche »Entmenschung« vollzieht sich hier in der mythischen Metapher der Gestaltveränderung in Tiere. Die sprachlosen Tölpel gehören in den sumpfigen Tümpel. Die »Metamorphose« hat bislang die Bauern nur in den Akten des Schreiens und Hüpfens erfasst, auf die ihr Dasein reduziert erscheint. Nun erfasst sie diese auch körperlich. Die körperliche Umwandlung geschieht in Richtung auf bestimmte, in der Phantasie des Lesers/Hörers aber schon präsente Tiere, denen sie in Aktion und Artikulation ähneln.

An welcher Stelle des Körpers setzt sie ein? Dort, wo von Anfang an sich ihr Wesenskern zu erkennen gibt, am Stimmorgan: *»Auch die Stimme ist schon rau. Der Hals bläht sich auf und schwillt an und eben ihre Schmähungen reißen das Maul auseinander.«* Es drängt sich die Erkenntnis auf, dass das von Anfang an vorherrschende Symptom, die Sprachlosigkeit, das Movens, das treibende Element der Metamorphose ist. Diese setzt sich vom Maul aus fort über den ganzen Kopf zum Rücken, der sich ohne Übergang, weil der Hals verschwindet, anschließt und grün wird, und die dann den weiß werdenden Bauch erfasst, schließlich den Körper total vertiert, so dass die umgestalteten Wesen am Ende im Wasser springen als Frösche.

Was man am Anfang der Metamorphose ahnen soll und durch die schrittweise Verwandlung immer stärkere bildhafte Prägnanz gewinnt, wird mit dem letzten Wort auf den Begriff gebracht. Das bis zum Schluss zurückgehaltene, geradezu hinaus gezögerte, aber dem Leser längst visuell und akustisch vor den Sinnen stehende Wort *»Frösche«* (ranae) schließt punktartig – eine geniale sprachliche Leistung Ovids – die Metamorphose als Prozess und Geschichte ab. Als Subjekt am Satz- und Epidosenende ist das im Deutschen kaum mit ähnlicher Pointierung nachzugestalten. Etwa:

> *»…und neugeschaffen springen sie im schlammigen Wasser als Frösche« oder*
> *»…als neue Wesen geschaffen springen im schlammigen Wasser die Frösche«.*

Hier erst, ganz am Ende der Geschichte, fallen Verhalten (das Herumspringen) und die Erscheinungsform (Frösche) zusammen und erhalten den dafür zuständigen Begriff: *»Frösche«.* Eine poetisch großartige Leistung!

Hybris und Rache?

Was also will diese Geschichte dem Leser sagen? Ist sie mehr als eine schöne, unterhaltsame Erzählung? Hat sie eine Botschaft, eine anthropologische Wahrheit? Die Episode hat das Wirken einer Göttin im Zentrum. Also sollte sich darin etwas von antiker religiöser Gläubigkeit erschließen. Menschen verhalten sich einer machtvollen Gottheit gegenüber nicht unterwürfig, nicht ehrfurchtsvoll, sie handeln dem Gebot zuwider. Sie überschreiten in ihrem Mangel an *»Schamgefühl«,* in ihrer Unverschämtheit das Maß, was nach antikem Glauben Hybris ist, die den Zorn und die Rache der Gottheit herausfordert. Die zänkischen, rohen Bauern werden bestraft: Auf ewig leben sie verwandelt in Frösche. Ihr inneres Wesen hat äußerlich die dafür passende Gestalt angenommen. Das ist die bislang gängige Interpretation.

Doch diese Deutung ist zu kurz. Die Wahrheit des Mythos gründet tiefer. Latona gibt sich nicht sofort als Göttin zu erkennen. Die Bauern sehen in ihr zunächst nur eine Frau mit ihren Säuglingen, eine Fremde, die in Lebensnot ist. Warum gestaltet der Dichter die Geschichte so? Als plausible Antwort drängt sich auf. Hätten die einfachen Landleute in der Frau die Gottheit sofort – und nicht erst nach deren Epiphanie – erkannt, hätten sie gewiss hilfsbereit reagiert – aus Respekt, aus Ehrfurcht gegenüber der machtvollen Autorität. Ihr *»autoritäres Gewissen«* (Erich Fromm. Die Seele des Menschen, 1979) hätte sie dazu gedrängt. Ehrfurcht birgt in sich auch ein Gefühl der Furcht. »Ich handle gerecht aus Furcht vor Strafe – durch Gesetz, Gericht, Staatsapparat.«

So aber stehen sich Mensch und Mensch gegenüber. Die Bauern sehen in der Frau und den Kindern ihresgleichen, allerdings aus der Fremde Kommende. Hilfsbedürftigen, vom Tod bedrohten Fremden Zutritt zum Leben erhaltenden Wasser zu erlauben, dazu spürten sie innerlich keine Verpflichtung, keine Moral. Dazu hätte es nach Erich Fromm eines *»humanistischen Gewissens«,* also einer von Menschenfreundlichkeit getragenen Gesinnung, Toleranz und Verträglichkeit bedurft. Insofern handeln sie eben unmenschlich, unzivilisiert, barbarisch. Menschenhass gegenüber dem Fremden, der nicht zur Gruppe, zum Clan, zur ansässigen Gemeinschaft gehört.

Das Gegeneinander von West und Ost?

Doch liegt die Botschaft, wie sie Ovid verkündet, in diesem Text nicht noch eine Schicht tiefer? Die Szene spielt sich in Asien ab, also im Osten. Die Göttin Latona nähert sich von Westen her dem Ort des Geschehens. Längst hat sich seit den Perserkriegen im 5. Jh. v. Chr. (490 bzw. 480 v. Chr.) im Denken der Antike das West-Ost-Schema herausgebildet, das sich im 4. Jh. v. Chr. durch die Eroberungszüge Alexander des Großen bis weit in den Osten noch verstärkt hat: Der Westen militärisch, demzufolge auch kulturell dem Osten überlegen: hier die Hellenen, dort die Barbaren. Wobei das Wort barbarisch, ursprünglich neutral, einen stark negativen Sinn bekommen hat: unzivilisiert, wild, unmenschlich, tierisch.

Die Römer haben den Gegensatz »Römer-Barbaren« zur Grundlage ihrer Herrschaftsideologie gemacht. Die Barbaren sind zu zivilisieren, zu entbarbarisieren – notfalls mit Gewalt –, demnach zu unterwerfen. Wir wissen: Diese Ideologie des römischen Imperialismus hat sich in jenem Imperialismus fortgesetzt, der seit der Antike bis ins letzte Jahrhundert von Europa aus die Eroberungs- und Kolonisationsprozesse in Gang gesetzt hat, von Seiten Spaniens, Frankreichs, Englands. Vor diesem Hintergrund stellt sich die Frage: Bedient Ovid in seiner mythischen Geschichte dieses Vorurteil vom barbarischen Asiaten, der sich Fremden, zumal aus dem Westen, gegenüber unmenschlich verhält? Will er also den römischen, in aller Regel aristokratischen Lesern eine Rechtfertigung liefern? Geht er demnach konform mit der vorherrschenden Ideologie seines Volkes?

Philemon und Baukis zum Kontrast

Um darauf eine Antwort zu finden, sei in Kürze eine andere Geschichte dagegen gestellt, die Ovid etwas später (Met. VIII 626-724) folgen lässt. Sie handelt von »Philemon und Baukis« – einem alten Paar, das in Bithynien, einem noch weiter im Osten gelegenen Landstrich Kleinasiens, lebt. Das Ehepaar haust in einer kleinen Hütte und ist mit dem einfachsten Leben zufrieden, keiner ist dem anderen Herr oder Sklave, beide sind in Gleichheit miteinander verbunden. Pia, die *»Fromme«*, wird die alte Frau genannt; Pietät, »Frommheit« kennzeichnet ihr Wesen, die auch dem Manne nicht fehlt. Der lateinische Begriff pietas ist ja der Ausdruck für den wechselseitigen Respekt, für die Achtung des anderen, für die liebevolle Zuneigung.

Der Dichter stellt die beiden Gestalten in eine Situation, in der sich diese Eigenheit, die ihr Wesen und Leben von Grund auf trägt, in markanter Weise offenbart. Zu ihnen kommen zwei Fremdlinge, vom weiten Weg erschöpfte Männer, und bitten um Aufnahme. Von tausend anderen Häusern sind sie auf der Suche nach einem Obdach bereits abgewiesen worden. Philemon und Baukis gewähren ihnen dieses sofort. Ihre einfühlsame Achtung gilt auch den Anderen. Ja, die beiden Alten überbieten sich gegenseitig darin, den Fremden den Aufenthalt in ihrer Hütte mit dem Geringen, das sie haben, so angenehm wie nur möglich zu machen.

Das Feuer im Herd wird entfacht, aus dem Garten Kohl geholt, ein Stück Speck von dem am schwarzen Balken hängenden Schweinsrücken geschnitten und in einem Kessel zum Kochen gebracht; zugleich bieten sie den müden Wanderern ein Bad zur Reinigung, schütten ihnen ein weiches Lager auf, die warme Speise wird auf den Tisch gestellt. Zu den Früchten des Landes kredenzt man Wein mäßigen Alters. Während sie dann bei Tische sitzen, begegnen sie den Gästen mit gutmütigen Blicken und ohne träges und ärmliches Gebaren. Sie zeigen *»ihre freigiebige Gutherzigkeit«*. Sie sind gesprächsfähig und zeigen ihr Mitgefühl. Da nimmt die Geschichte eine ungewöhnliche, irrationale Wendung. Wunder geschehen. Im Original ist der Ablauf wörtlich so beschrieben:

> *»Im Laufe der Zeit bemerken die beiden Alten, dass der Mischkrug, aus dem sie doch schon oft geschöpft haben, sich von selbst wieder füllt und ohne jemands Zutun der Wein mehr wird. Bei dem Wunder überfällt sie ein Grauen, und bebend erheben sie ihre Hände zu ihren Gästen und bitten und flehen, ihre schlechte Bewirtung zu entschuldigen.*
>
> *Eine einzige Gans, die Wächterin des kleinen Gehöfts, war noch da; sie wollten die beiden für ihre göttlichen Gäste schlachten, doch*

Peter Paul Rubens 16/17. Jh.

sie flattert – rasch hin und her, macht ihren altersschwachen Verfolgern schwer zu schaffen und hält sie lange zum Narren. Am Ende nimmt sie, so scheint es, ihre Zuflucht zu den Göttern selber. Die Himmlischen verbieten, sie zu töten, und sprechen (v. 679 ff.):

»Götter sind wir, und verdiente Buße wird jetzt eure ruchlose Nachbarschaft zahlen. Ihr allein sollt von diesem Strafgericht ausgenommen bleiben. Verlasst nur eure Hütte, begleitet uns und kommt mit uns hinauf auf den Hügel.« (v. 689 ff.)

(Prosa-Übersetzung hier und folgend: Gerhard Fink)

Belohnung der Götter

Beide gehorchen. Die Götter schreiten voran, die schwachen Alten folgen ihnen hinauf auf einen steilen Berg. Als sie sich nach kurzer Zeit umdrehen, sehen sie alles im Wasser versunken. Auch ihre kleine Hütte. Während sie verwundert und über den Verlust traurig den Aufstieg fortsetzen, erblicken sie einen Tempel, zu dem ihre Hütte geworden ist. Da spricht Jupiter mit freundlichem Gesicht: *»Sag, du redlicher Greis, und du, eines so redlichen Mannes würdige Gattin, was wünscht ihr euch?«* Mit seiner Baukis beredet sich kurz Philemon und eröffnet darauf den Himmlischen diesen gemeinsamen Ratschluss:

»Priester zu sein und euren Tempel zu hüten, das verlangen wir, und da wir in Eintracht unser Leben zugebracht haben, ende es auch für beide zur selben Stunde, damit weder ich das Grab meiner Gattin sehen noch sie mich unter den Hügel bringen muss.« (v. 607 ff.)

Dieser Wunsch wird ihnen gewährt. Sie waren Hüter des Tempels, solange sie lebten.

> *»Doch als sie einmal, gebeugt von der Last ihrer Jahre, vor den heiligen Stufen standen und von dem wechselvollen Schicksal des Ortes sprachen, sieht Laub aus ihrem Philemon Baukis sprießen, und seine Baukis sieht umlaubt der noch etwas ältere Philemon. Auch als schon über dem Antlitz der beiden eine Baumkrone wuchs, wechselten sie noch Worte miteinander, solange es möglich war. Zugleich sagten sie: ›Lebe wohl, mein Alles!‹, und zugleich verschloss beider Mund die Rinde.« (v. 712 ff.)*

Schon auf den ersten Blick erkennt man: Diese Geschichte von »Philemon und Baukis« ist gewissermaßen das Kontrastprogramm zu der von den »Lykischen Bauern«. Die Grundhaltung der beiden Alten ist »Pietät«, Frommheit, ist die respektvolle Anerkennung der anderen Menschen, des Ehepartners und der um Herberge bittenden notleidenden Männer. Die Achtung der Fremden, die zufällig Götter sind, ist das Symptom ihres Wesens. Nicht Anmaßung, übersteigerte Selbstbehauptung, also nicht Hybris beherrscht sie, vielmehr ein Zurücknehmen ihrer Selbst bis ins Extrem. Sie sind das Beispiel für Frömmigkeit, Gutherzigkeit, Gutheit. Diese Deutung erfasst die Aussage der Geschichte auf der naiven Erzählebene. In solchem Verständnis sind Philemon und Baukis als Idealbild eines glücklich alternden Paares *»nahezu sprichwörtlich geworden«* (Wolfgang Pietsch, 2010, 27) in Theater, Schau- und Hörspiel, auch in der Musik (Haydn) und Literatur vielfach rezipiert. v. Goethe hat dem Paar im Faust II eine beachtliche Rolle zugewiesen.

Wirkung des menschlichen »Gewissens«

Doch Ovids Botschaft greift tiefer. Auch hier geben sich die Fremden nicht gleich als Götter zu erkennen; sie erzwingen nicht kraft ihrer Autorität das gute Verhalten. Die beiden Gestalten handeln aus freiem Willen, aus sich selbst, aus Mitleid, aus Gastfreundschaft, aus ihrer Fähigkeit, sich in die Not anderer Menschen einzufühlen, in freundlichem Gespräch auf sie einzugehen. In ihnen ist also – nach Erich Fromm – nicht das *»autoritäre Gewissen«,* sondern das *»humanistische«* wirksam. Sie sind gute Menschen – um der Menschen willen. Menschenliebe gegenüber allen ohne Unterschied von Herkunft und Stand. Deshalb werden sie – der Welt des Mythos entsprechend – im höchsten Maße belohnt, sie werden zu Tempeldienern und vereinigen sich wundersam im gemeinsamen Tod durch Verwandlung in Bäume, deren Kronen ineinander verwachsen. Ihr inneres Wesen der engsten liebenden Verbundenheit gewinnt durch die Metamorphose die ihr gemäße äußere Gestalt. Das ist sicher die tiefere Wahrheit dieser gleichfalls in Sprache und Form glanzvoll gestalteten mythischen Geschichte.

Doch auch hier drängt sich die Frage auf? Liegt der wahre Kern nicht doch noch eine Schicht tiefer? Es ist doch zu bedenken: Bithynien liegt in Asien, noch östlicher als Lykien. Philemon und Baukis sind also Asiaten, demnach Barbaren, im ursprünglichen Sinne des Wortes.

Doch ihr Verhalten ist ganz und gar unbarbarisch, sie sind nicht verwildert, nicht roh und grausam. Im Gegenteil: Ihr Wesen ist gekennzeichnet von Hilfsbereitschaft gegenüber Notleidenden, von Mitmenschlichkeit, von Toleranz und Anerkennung des Anderen. Hier wird – der Schluss ist zwingend – das traditionelle West-Ost-Schema »Römer – Barbaren« durchbrochen. Stellt sich also Ovid mit seinem Menschenbild gegen die herrschende Ideologie Roms? Wohl kaum, zumindest nicht bewusst. Obwohl in seinen Versen eine Tendenz zu jenen Gedanken spürbar wird, die der Politiker und Staatsphilosoph Cicero schon etwa ein halbes Jahrhundert vor ihm so ausgedrückt hat:

> *»Wer behauptet, man müsse auf die Mitbürger Rücksicht nehmen, nicht aber auf die Fremden, die Ausländer, der zerreißt das gemeinsame Band des Menschengeschlechtes.«*
>
> *(De officiis III 27-30)*

Man hat heute in Ovid den großen Psychologen unter den antiken Poeten erkannt. Sein Blick richtet sich in die Abgründe der menschlichen Seele, wo der Furor der Leidenschaften tobt, wo der Drang zum Guten oder Bösen, der Kampf zwischen Liebe und Hass ein ständiger Tanz auf des Messers Schneide ist. Ovid sucht den Menschen zu erkennen, dringt dabei tief in seine innerste Triebstruktur ein, in jene Tiefe, wo man das Gewissen, das moralische Bewusstsein, die Entscheidungsinstanz zwischen Gut und Böse vermutet. Was Ovid in der »schön« gestalteten Geschichte offen legt, ist die existentielle Befindlichkeit des Menschen. Sie hat *»eine humane Dimension«*. Darauf macht neuerdings Rudolf Henneböhl überzeugend aufmerksam. Er sieht in Ovids Werk *»eine tiefere menschliche Sinnrichtung zugrunde liegen«* und billigt dem Autor *»auch tiefere, existentielle Schaffensmotive zu«* (Metamorphosen. Lehrerkommentar, Neuauflage 2023).

Ovid – der Psychologe

Doch Ovid ist beileibe kein Moralist, der den warnenden Zeigefinger erhebt. Er analysiert den Menschen scharfsinnig beobachtend, eben wie ein Tiefenpsychologe, und bringt die in ihm angelegten Möglichkeiten in glanzvoll gestalteten Geschichten im Rahmen der im vorgegebenen Mythologie zur Anschauung – fast immer in Extremsituationen: die Lykischen Bauern in ihrer Gehässigkeit, Philemon und Baukis in ihrer Gutherzigkeit. Was dem Leser/Hörer die Erkenntnis abfordert: Ja, so ist der Mensch. So sind wir Menschen. Der Mythos, ein phantasievolles Spiel des Dichters mit der Wirklichkeit, stellt zuzusagen den Spiegel unserer inneren Existenz dar. Er spricht in einer *»symbolischen Sprache«* (Erich Fromm. Märchen, Mythen, Träume. 1980).

Wir können – nach dem Urteil und Wirken der Götter – zu Fröschen vertieren, wir können zu Tempeldienern werden. Wir können böse sein, wir können gut sein, wir können hassen, wir können lieben. Wir können die Würde des Menschen, gerade des Fremden, achten, wir können sie missachten. Was der Autor dazu sagt und in welcher Form er es sagt, weist in die Zukunft, bis in unsere Zeit. Es ist eine seiner wirkmächtigsten Botschaften. Und gerade dies ist eben der Grund, warum der Dichter Ovid in allen Formen der Kunst über die Zeiten hin zu Neuschöpfungen angeregt hat und anregt. Ovid ist zu einem der grundlegenden Gestalter der europäisch-westlichen Kultur geworden. In den Schlossbrunnen von Versailles und Herrenchiemsee sind dafür Latona und die Frösche »lebendige« Zeugen.

»Nur die Kultur verbindet Europa.« So Umberto Eco. Ovid hat mit seinen »Metamorphosen« ein Werk der weltbekannten europäischen Hochliteratur geschaffen. Er gilt als einer der großen Europäer.

Literaturhinweise:

v. Albrecht, M.: Interpretationen und Unterrichtsvorschläge zu Ovids Metamorphosen, CONSILIA 7. Göttingen 1984.

Fladerer, L.: Die Lykischen Bauern (VI 313-381), In: Ovids Metamorphosen im Unterricht (hg. von Pietsch, W.). AUXILIA 55 (2010).

Freud, S.: Der Dichter und das Phantasieren. Wien 1907/8.

Fromm, E.: Die Seele des Menschen. Ihre Fähigkeit zum Guten und zum Bösen. Stuttgart 1979.

Märchen, Mythen, Träume. Stuttgart 1990.

Henneböhl, R.: Die Lykischen Bauern. In: Ovid. Metamorphosen. Latein kreativ. Lehrerkommentar 2007 und Neuauflage 2023.

Von den Wurzeln menschlichen Handelns. Ovid als Psychologe. In AU 4+5/2013, 86-92.

Liebrucks, B.: Wissenschaftlicher Weltumgang und Entsprachlichung. In: Schatz, O.: Was wird aus dem Menschen? Analysen und Warnung. Graz 1974.

Maier, F.: Menschenhass und Menschenliebe. Urtriebe der Seele. In: Ich suche Menschen. Humanität und humanistische Bildung. Bad Driburg 2016.

Wie halten wir es mit den antiken Göttern? Ovids »Lykische Bauern« als Unterrichtsmodell. In: AUXILIA 18: Lebendige Vermittlung lateinischer Texte, Bamberg 1988.

Pietsch, W.: Ehe-Idyll, Gastfreundschaft und Tod: Philemon und Baukis (Met. VIII, 617–720). In: IANUS 31/2010, 27-50.

v. Schirnding, A.: Die Weisheit der Bilder. Meine Erfahrungen mit dem griechischen Mythos. München 1979.

Schönberger, O.: Ovid, Philemon und Baukis. In: Von Catull bis zu den Carmina Burana. AUXILIA 15. Bamberg 1987, 53 – 74.

FAMA – »Ein schaurig-gewaltiges Ungeheuer«

Aeneas' und Didos Liebesakt in Vergils »Aeneis«

Das »Gerücht« ist ein Urphänomen. In der Antike längst in Aktion, sich schnellstens weithin ausbreitend, über Länder und Städte hinwegfliegend mit mächtigen Schwingen, sogar hinauf bis zu den Höheren. Es kündet von Ereignissen und Schicksalen von Menschen, erregt Aufsehen, oft Neid oder gar Hass und Häme, selten Verwunderung oder Freude. Das Gerücht berichtet von Gesagtem, Vermutetem, Verdächtigem, gleichgültig, ob es wahr oder falsch ist. Im Griechischen steht dafür »pheme«, im Lateinischen »fama«, beide von Wörtern für »sagen«, »reden« abgeleitet: gr. phanai – lat. fari. Also FAMA »das Gerede«, »das Gesagte«, »die Kunde«. Man erzeugt gerne Gerüchte, weil alle dafür anfällig sind. Gehört doch solches Verhalten offensichtlich zur Natur des Menschen, ist gewissermaßen ein Symptom seiner Triebstruktur. Im Gerücht vollzieht sich gleichsam eine unterschwellige, jedoch überall durchsickernde Kommunikation; sozusagen underground wirksam, deshalb schwer greifbar, kaum zu bändigen und in der Regel für einige wenige nützlich, für einzelne oder die große Masse von Schaden. Das Gerücht hat einen schlechten Leumund. Es gilt als verwerflich, doch ist ihm eine geradezu magische Anziehungskraft eigen, der sich kaum einer entziehen kann.

Nicht verwunderlich ist es daher, dass dieses Urphänomen auch zum Gegenstand literarischer Inszenierung geworden ist. Sogar in einem der wirkmächtigsten Werke der Antike, in der »Aeneis«, die der Dichter Vergil 29–19 v. Chr. geschaffen hat. Dort gibt der Hauptheld des Epos Aeneas Anstoß zum Entstehen eines die Welt aufwühlenden Gerüchts – mit schicksalsträchtigen Folgen.

Aeneas, ein Abkömmling aus dem Königsgeschlecht Trojas, wird zum Helden eines bewegenden Dramas. Bei seiner Flucht aus der brennenden Stadt begibt er sich, mit seinem Vater auf dem Rücken und den Sohn an der Hand auf den Weg in eine ungewisse Zukunft; eine nicht geringe Schar von Trojanern folgt ihm. Für sich und die Seinen sucht er eine neue Heimat im Westen. Die lange Irrfahrt auf dem Meer beginnt; seine sieben Schiffe treiben, von einem fürchterlichen Sturm heimgesucht, an eine Küste, an die Karthagos, der von den Phönikern gegründeten Stadt. Dort arbeitet man gerade eifrig an ihrem Aufbau.

In Karthago herrscht Dido. Die Königin hat einst ihrem sterbenden Mann Sychäus versprochen, ehelos zu bleiben. Aeneas, der Ankömmling aus dem Osten, sollte jedoch ihrer Treue zum Verhängnis werden. Die gestrandeten Trojaner drängen in die Stadt, werden von deren Bewohnern gastlich aufgenommen. Im Gedränge der Masse taucht plötzlich die Königin auf, zauberhaft schön von Gestalt schreitet sie einher, von einer Schar junger Leute umdrängt. Noch ist Aeneas nicht zugegen, im dichten Gewimmel der Menschen auf den Straßen verborgen. Auf einmal tritt er wie aus einer Wolke hervor und strahlt bei hellem Licht, in Antlitz und Schultern einem Gott gleich. Beide fangen alsbald Feuer zueinander. Aeneas erzählt im Palast von Trojas Ende und seiner Flucht. Didos Blicke hängen an seinen Lippen; je eindringlicher seine Worte über vergangenes Leid, über seine bestandenen Abenteuer, umso stärker wächst die Sympathie der Frau zu dem strahlenden Helden. Die Liebe siegt über beide. Bei einem Jagdausflug folgt die Erfüllung. Land und Wetter bieten die Chance. Als man ins Gebirge und in ein unwegsames Gelände gelangt, zieht ein Gewitter auf; schon grollt Donner vom Himmel. Alle suchen Schutz vor Sturm, Regen und Blitzen. Von den Bergen stürzen die Ströme.

»Dido jedoch und der Fürst aus Troja finden zur selben
Höhle: und Tellus zuerst und Juno, die Göttin der Ehe,
geben das Zeichen; da flammen die Blitze, als Zeuge des Bundes
flammt der Äther, aufheulen vom höchsten Gipfel die Nymphen.

Jener Tag ist als erster des Todes, als erster des Unheils
Ursache geworden. Nicht Anstand noch Ruf beirren von nun an
Dido; nicht mehr sinnt sie auf heimliche Liebe, sie nennt es
Ehebund. So verbrämt sie die Schuld mit ehrbarem Namen.«

(Aeneis IV 165-170)

Aeneas und Dido verbinden sich als Mann und Frau. Die furiose Natur intoniert den Soundtrack zum Akt ihrer leidenschaftlichen Liebe. Alles deutet darauf hin, dass die Liebenden im Schutze der Höhle, während draußen das Unwetter tobt, den Ehebund schließen. *conubium* und *coniugium* sind als einschlägige Begriffe dafür im Text gesetzt. Dido zumindest nennt es Ehe, wozu sie sich vereint haben. Nicht mehr verstohlen denkt sie an Liebe. Doch der Liebesbund wird – ein epischer Vorverweis des Dichters auf Kommendes, der Beachtung verdient,– schon im Augenblick seines Vollzugs zum Grund für Tod und Unheil. Die Kakophonie der tobenden Naturgewalt verstärkt diesen Eindruck. Schuld hat Dido auf sich geladen, da sie ihrem verstorbenen Mann nicht treu geblieben ist. Sie hat den Eid gebrochen. So wird die Geschichte von Dido und Aeneas zu einem Drama von Schuld und Sühne.

»Doch sogleich geht das Gerücht durch Libyens mächtige Städte.
Fama, ein Übel, geschwinder im Lauf als irgendein anderes,
ist durch Beweglichkeit stark, erwirbt sich Kräfte im Gehen,
klein zunächst aus Furcht, dann wächst sie schnell in die Lüfte.
Schreitet am Boden einher und birgt ihr Haupt zwischen Wolken. ‹…›
Schnell zu Fuß mit hurtigen Flügeln ist sie ein Scheusal,
gräulich und groß; so viele Federn ihr wachsen am Leibe,
so viele wachsame Augen sind drunter – Wunder zu sagen –,
Zungen und tönende Münder so viel und lauschende Ohren.
Nächstens fliegt sie, mitten von Himmel und Erde, durchs Dunkel
Schwirrend, schließt niemals zu süßem Schlummer die Augen.
Tagsüber sitzt sie als Wächterin hoch auf dem Dache des Bürgers
Oder auf stolzem Palast und schreckt die mächtigen Städte,

ganz auf Trug und Verkehrtheit erpicht, wie Botin der Wahrheit.
Sie schwoll nun mit vielfachem Wort und Gerede im Ohre der Völker,
kündete froh, was geschah, und erfand, was immer geschehen.
Sei da Aeneas gekommen, ein Spross trojanischen Blutes;
Dido, die schöne, geruhe, sich diesem Mann zu vermählen.
Üppig schwelgten sie jetzt den langen Winter beisammen,
dachten nicht mehr ihres Besitzes, von schnöder Wollust gefesselt.
Dies verbreitet im Munde der Menschen die scheußliche Göttin.«

(Vergil, Aeneis IV 173–195; Übersetzung: Johannes Götte)

Dido ist ab hier die Gestalt, die die tragende Rolle im weiteren Geschehen innehat. Sie wird für ihr Vergehen bald büßen. Die Zeit als Messwert des Menschen kommt unheilvoll ins Spiel. FAMA, das Gerücht, entsteht, kommt auf Touren, breitet sich eiligst aus, tritt in Erscheinung als vieläugiges, vielohriges und vielzungiges Ungeheuer, das flugs über die Städte dahinjagt, rastlos bei Tag und bei Nacht. Es bringt wie Gift die Kunde unter die Völker, die Königin habe sich einen neuen Mann genommen und beide würden nun, sich Luxus und Leidenschaft hingebend, Herrschaft und Reich vergessen. Die Kunde erreicht auch Jarbas, den ansässigen Herrscher im Lande, dem Dido die Hochzeit versagt hat und der nun voller Hass auf die phönikische, von ihm einst aufgenommene Frau ist.

Den frisch Vermählten ist kein Glück beschieden. Das Gerücht, das schaurig-gewaltige Monstrum tobt weiter, schwillt noch mehr an, so dass es hinauf bis zu den Höhen des Olymp dringt, wo Jupiter, der die großen Zeitläufte kennt, über Aeneas' Abfall von seiner Bestimmung erbost ist und ihm durch seinen Boten Merkur die sofortige Abreise aus Karthago befiehlt. Was jener sofort heimlich vollzieht – und Dido, die Geliebte, in Enttäuschung und Liebesleid zurücklässt.

Aeneas hat die Bestimmung, das FATUM, Rom zu gründen und nicht in Karthago zu verliegen. Das Gerücht, die FAMA, hat ihn dazu gezwungen, sich auf seine Aufgabe zu besinnen. Es drängt auf die Erfüllung des heilsgeschichtlichen Plans des FATUMS, gleichsam als dessen verlängerter Arm (vgl. etwa Werner Suerbaum, Vergil 1993). Das Gerücht hat bitter in Aeneas' Schicksal eingegriffen. »*Gegen seinen Willen*« habe er Karthago verlassen, so gesteht später der trojanische Held. Für Dido freilich bedeutet seine Flucht das Ende. Sie nimmt sich das Leben, nicht bevor sie über Aeneas und seine ganze Nachkommenschaft den Fluch ausstößt, sich so an ihre Landsleute wendend:

»Dann aber, Tyrier, quält diese Brut und in Zukunft den ganzen
Stamm mit Hass und schickt meiner Asche dieses als Gabe,
nie soll Liebe die Völker vereinen und nimmer ein Bündnis!
Wachse doch, wer du auch seist, aus unseren Gebeinen, du Rächer,
der du mit Feuer und Schwert heimsuchst trojanische Siedler,
jetzt oder einst, wann immer zur Zeit die Kräfte bereit sind.
Strand sei Gegner dem Strand, und Woge der Woge, so bitte' ich,
Waffen den Waffen, und Kampf entzweie sie selbst und die Enkel!«

(Vergil, Aeneis 622-629; Ü.: J. Götte)

Für Dido bedeutet der Tod die Strafe für ihre Schuld. Aeneas' Schuld wird erst später zur Strafe seines Geschlechtes im großen Krieg zwischen Rom und Karthago. Dort soll Rache an den Römern genommen werden für das ihr von Aeneas angetane Unrecht. So der bittere Fluch der karthagischen Königin. Wodurch das Wirken der FAMA über das engere Verhältnis zweier Menschen hinaus zu einem Politikum wird. Die Ursache nämlich für die schicksalhafte Konfrontation der beiden Völker, in der sich Mythos und Geschichte ineinander schieben, wird vom Dichter im Phänomen des Gerüchts gesehen. Weil diesem im epischen Geschehen eine so eklatante Bedeutung zukommt, hat Vergil alle Register seiner Phantasie gezogen, um dem geradezu allmächtigen Wesen eine sprachlich höchst ausgeprägte Gestalt zu geben. Das Gerücht ist als eine Kreatur vorgestellt, die wie ein langgestreckter Wurm sich bewegt, gehend über mächtige Städte, beweglich, im Gehen an Gestalt wachsend, bald schreitend am Boden, bald in den Wolken ihr Haupt bergend, rasch zu Fuß und mit schnellen Flügeln bestückt. Ihr Aussehen als langes, drachenartiges Untier ist durch die sprachliche Formgebung raffiniert unterstützt. Die drei Wörter, die *»das schaurig-gewaltige Ungeheuer«* beschreiben, sind so zusammengestellt, dass sich ihre Enden und Spitzen beim Aussprechen miteinander verschleifen, so dass ihre Länge bildlich und akustisch unmittelbar fassbar wird:

monstr(um h)orrend(um) ingens›MONSTRORRENDINGENS
(v. 181)

Auf diesem Unwesen wachsen Federn. Sein Leib ist dicht überzogen mit wachsamen Augen, tönenden Mündern, lauschenden Ohren – mit einer Unzahl all jener Sinne also, deren das Gerücht bedarf, um seine Funktion zu erfüllen. Der Eindruck, der sich aufdrängt: *»Die wirre, wimmelnde und fratzenhafte Vision eines dämonischen Alptraums«* (W. Fauth, 1963). Victor Pöschl schreibt zwar nicht zu Unrecht, der FAMA komme bei Vergil auch eine allgemeinpolitische Funktion zu, insofern sie sich hier *»als Grundphänomen römischer Politik und römischer Kollektivmoral zur mythologischen Gestalt verdichtet«*. Doch der Dichter wollte – *»die dämonische Gestalt der Fama ist allein seine Erfindung«* (Ulrike Bayer, 1983) – zweifellos die Macht dieses auch zu seiner Zeit relevanten Phänomens unter Einsatz seiner genialen Sprachkunst zu bizarrer Anschauung bringen. Gelungen ist ihm jedenfalls eine phantastische Vergegenwärtigung dieses Menschenübels »Gerücht«, wie sie in der Weltliteratur kaum ein zweites Mal geschaffen worden ist. Verwundern sollte es also nicht, dass eine so faszinierende poetische Hochleistung Nachkommen zur Rezeption angeregt hat – in einem anderen Metier.

Das anschaulich beschriebene vogel-drachenähnliche Phantasiewesen – gewissermaßen *»die bildhaft belebte Darstellung eines abstrakten Begriffes«* (Ulrike Bayer 1983) – ist von einem zeitkritischen Künstler des 20. Jh. vom Wort ins Bild übersetzt worden. Der Graphiker A. Paul Weber

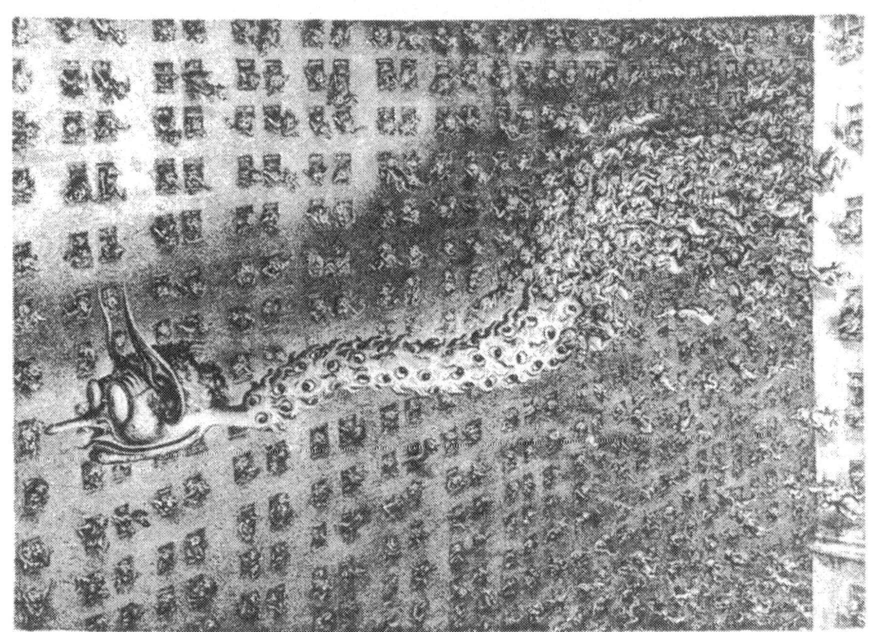

A.Paul Weber: Lithographie »Das Gerücht« (1953)

hat 1953 nachweislich Vergils Vorlage in seiner Lithographie »Das Gerücht« aufgegriffen, wobei er noch drastischer die Abartigkeit und Scheußlichkeit dieses Wesens herausarbeitet.

Mit den Mitteln der ins Groteske gehenden satirischen Zeichnung gestaltet der Künstler gleichsam eine Kreatur, deren Kopf mit brillenbedeckten Glotzaugen, einer schnabelartigen Nase, einem breitgezogenen Froschmaul, aus dem die Zunge wie ein Schlange herauszüngelt, und mit hochaufgestellten Fledermausohren ausgestattet ist. Der Kopf geht über in einen langen schlangen-drachenartigen Rumpf, der sich zunehmend verdickt, mit Tausenden von spähenden Augen bedeckt ist und – in einem wirren Gewimmel – sich am Ende in lauter Menschenleiber auflöst. Das Gerücht stellt die Masse Mensch dar, in einer spezifischen Form ihrer Verwirklichung. Und dieses Ungeheuer schwebt vor einem endlosen Hochhausmassiv, aus dessen unzähligen

Fenstern Massen von Menschen mit ausgestreckten neugierigen Körpern dem furiosen Monstrum entgegenstieren. Der Eindruck: Das Gerücht ein vom Menschen gezeugtes Geschöpf aus Menschen, die Verwirklichung seiner gesellschaftlichen Existenz. Weber verdichtet menschliche Abartigkeit zu einer sichtbar werdenden, aber real nirgends so gegebenen Scheußlichkeit. Das antike Motiv erweist sich, surreal abgewandelt und in die Gegenwart versetzt, als Medium der Kritik einer stets aktuellen Lebenswirklichkeit.

Eben auch heute. Wo das abartige Wesen zwischen Cliquen, Gruppen, Parteien, Völkern herumschwirrt – Unruhe und Aufregung, Zwist und Feindschaft, Unheil und Verderben verursachend. Wie oft erzeugt das absichtlich gestreute Gerücht, das Wahrheit und Lüge nicht unterscheidet, Verbitterung und Leid, zumal dessen unterschwellige kommunikative Wirksamkeit sich heute tatsächlich in den underground verlagert hat, fast total! Die sozialen Medien, »das Netz« bieten einen unermesslichen Raum, in dem sich die FAMA, dieses schaurig-gewaltige Ungeheuer, austobt, mit individuellen und politischen Folgen – der gescheiterten Beziehung zwischen Dido und Aeneas nicht unähnlich. Unter dem Titel *»Das Gift des Gerüchts«* kommentiert der Journalist Stefan Cornelius das konspirative Verhalten einer Partei, die ohne Rücksicht auf Wahrheit im Kampf um Wählerstimmen 2023 multimedial *»die Menschenmassen mit Gerüchtegift infiziert hat«*. (SZ v. 6. 10.23). Der Kommentator nimmt ausdrücklich Bezug auf A. Paul Webers Lithographie. Der wieder ist, wie nachgewiesen, von Vergil so stark inspiriert worden, dass er sein Werk nach dessen Vor-Bild zu einer eindrucksstarken Vision gemacht hat. So hat der Römer eine Erzählung über das Phänomen »Gerücht« geschaffen, das seinerseits im Grunde ja auch ein Erzählung darstellt. Der Lithograph hat sie in unsere Zeit als Bild-Erzählung versetzt, dabei der Menschheit als selbstironische Botschaft ihr Spiegelbild vorhaltend. Der moderne Autor Stefan Cornelius hat – darauf bezogen – als Kommentar zu einem Politikum wieder eine neue Erzählung für seine Zeitung geschrieben. Auf solche Weise hat sich am Phänomen »Gerücht«/«FAMA« nachvollziehbar eine Kultur-Tradition ausgeprägt, an der die Wirkmächtigkeit der Antike nicht auffallender hätte zutage treten können.

Literaturhinweise:

Bayer, K.: Vergil. Auswahl aus seinem Gesamtwerk. Lehrerkommentar. Bamberg 1968.

Bayer, U.: Das Gerücht bei Vergil und A. Paul Weber – Ein Vergleich. Fachdidaktische Seminararbeit LMU München 1982.

Eller, F.: Vergils Aeneis. Sunt lacrimae rerum. Frankfurt/Berlin/München 1982, 40 ff.

Fauth, W.: Die Fama bei Vergil und Ovid. Vergleichende Kurzinterpretation. In: Anregung 11 (1965), 232 ff.

Götte, J./Bayer, K.: Vergil – Aeneis. München 1958.

Maier, F.: Lateinunterricht zwischen Tradition und Fortschritt. Bd. 3: Zur Praxis des lateinischen Lektüreunterrichts. Bamberg, 3. Aufl., 1995. 158 ff.

Pöschl, V.: Die Dichtung Vergils. Bild und Symbol in der Aeneis. Berlin 1977.

Suerbaum, W.: Aeneas zwischen Troja und Rom. In Klios und Kalliopes Diensten (Festschrift, hg. von Leidl, Chr. und Döpp, S.). Bamberg 1993, 194 ff.

Höhen-Rausch und Tiefen-Sturz

Ikarus – Symbol des »technischen Fortschritts«

Wer käme schon auf die Idee, dieses bizarre Gemälde mit der Antike in Verbindung zu bringen? Der Engländer John Armstrong hat freilich darin eine markante Gestalt des griechischen Mythos vergegenwärtigt – als Chiffre für ein bedrohliches Menschheitsproblem. Aber welche Gestalt?

John Armstrong »Ikarus« 1939

Da ist eine lehmig schmutzige Fläche, in die ein Pfahl mit einer zerborstenen Kugel eingerammt ist; ringsum Fetzen, die sich von der Oberfläche der Kugel losgesprengt haben; zur linken Seite eine Mauerruine, wie ein zu Stein permutierter Körper daliegend, dessen Beine von Hitze geschmolzen herabhängen, wobei das abgerissene Stück eines Gitters, sich flügelartig nach oben spreizt. Auf der dreckig-braunen Erde und vor einem submarinblauen Himmel sieht man nur ein Paar Fetzen und Trümmer. Menschenleere. Ein ödes, abstoßendes Szenario, in dem auf den ersten Blick kaum etwas auf die uralte Herkunft der Bildaussage verweist. Nur der Titel, den der Künstler darunter gesetzt hat, mag dem nachsinnenden Betrachter die Richtung der »Entzifferung« dieses Sujets anzeigen: Ikarus.

Eindrücke junger Menschen bei der ersten Begegnung mit diesem Bild: »Zerstörung«, »Scherbenhaufen«, »Absturz, »eine aus den Fugen geratene Welt«, »das trostlose Danach«, »Aussichtslosigkeit«, »absolute Kälte«, »die globale Katastrophe«, »das Ende der Welt«, »The day after«. So viel ist deutlich: Hier tritt uns die universale Destruktion entgegen, der Rückfall der Welt vom Kosmos in das Chaos, in die durch irgendein Faktum, ein Missgeschick, ein Schicksal, eine Schuld bedingte Katastrophe. Dem Bild haften tragische Züge an. Die Erde, als Globus angedeutet, erscheint in einem neuen Zustand, der ihr in ihrer Gesamtheit und den auf ihr lebenden Menschen keine Zukunft offenlässt.

Das Wagnis des Künstlers Dädalus

Wo ist das Urbild dieser *»Naturtragödie«*, die in die Chiffre *»Ikarus«* gefasst ist? Im antiken Mythos, ohne Zweifel. In welchem antiken Dokument aber führt der verwandelnde, neugestaltende Eingriff in die Natur, der sich hintergründig im Armstrong-Bild andeutet, durch menschliches Fehlverhalten unausweichlich in die Katastrophe? Wo ist eine solche »Tragödie« kernhaft in einem antiken Text angelegt? Der Künstler stellt den Betrachter ohne Zweifel vor ein Rätsel.

Ein Lösungsversuch sei gewagt. Zunächst die Hypothese: Der Künstler orientiert sich am Text des Dichters Ovid (Metamorphosen VIII 195 – 235). In der Fassung des Ikarus-Mythos, die der römische Dichter geschaffen hat, liegt eine Konstellation vor, die über die Jahrhunderte hin, in denen sie rezipiert worden ist, zu der im Bild fassbaren Ausprägung geführt hat. Der Mythos war in der Antike allgemein bekannt, es gab ihn in kurz- und langgefassten Erzählungen. Bei Ovid liegt die Langfassung des Mythos vor. Hält man diese gegen die eher knapp angelegte Beschreibung des römischen Mythographen Hygin (2. Jh. n. Chr.), so kann man Ovids genuine, richtungsweisende Leistung und Mythos-Deutung erkennen.

Bei **Hygin** (fab. XL) ist ein linearer Erzählstrang gegeben. Das Geschehen ist in eine zeitlogische Abfolge gebracht, wie aus folgender Zusammenfassung des Berichts deutlich wird:

> *Dädalus lebt im Exil auf Kreta, weil er wegen der aus Künstlerneid vollzogenen Ermordung des begabten Perdix angeklagt worden ist. Es gelingt ihm, da er selbst ein kluger Baumeister ist (das berühmte Labyrinth hat er dort erbaut), mit von ihm konstruierten Flügeln für sich und den Sohn Ikarus durch die Lüfte von der Insel zu entfliehen. Ikarus aber stürzt, da er zu hoch fliegt ins Meer, das nach ihm benannt wird (»das Ikarische Meer«).*

Bei Hygin bleibt alles auf der Ebene des rein Faktischen. Er erzählt einfach den Mythos. Als Autor, der das mythologische Wissen in einer Art Lexikon für die Leser seiner Zeit in Rom bereit stellt, präsentiert er die griechische Version des Mythos.

Das Narrativ ist emotionslos gestaltet. Dädalus ist die Hauptfigur. Ikarus fungiert nur als Begleitobjekt des handelnden Vaters.

Bei **Ovid** sind, soweit aus dem überlieferten Text zu erschließen ist, erstmals tragische Züge der mythischen Geschichte gegeben. Innerhalb der »Metamorphosen« (VIII 183–235) erhält das Geschehen auch die psychologische Durchdringung, gewissermaßen den existentiell humanen Tiefgang, worin man heute überhaupt das Signum des Ovid-Werkes erkennt. Dieses Spezifikum hat man offensichtlich schon in der Antike festgestellt. Der Mythograph Apollodor (1. Jh. n. Chr.), der Ovids Werk kannte, hat in seinem Handbuch als das handlungsleitende Motiv des Geschehens Ikarus' seelische Verfasstheit, seinen inneren Drang als eines ψυχαγωγούμενος (»seelisch Getriebenen«) betont, der ihn zu dem ins Verderben führenden Wagnis verleitet. In der Ovidischen Fassung ist deshalb die Handlung geradezu als Tragödie angelegt. Ihre Aufbauelemente lassen sich klar herausarbeiten, wie folgende Ereigniskette zeigt:

Entschluss zur Flucht – Bau der Flügel zur »Erneuerung der Natur« – Flugregeln an Ikarus – Ikarus' Aufstieg zum Äther unter dem Staunen der Menschen – plötzliches Ausbrechen des Ikarus aus Freude am Fliegen – Absturz des Ikarus – Verfluchung seiner Künste durch den Vater

Von der *»Exposition«* über das *»Erregende Moment«*, *»der Entwicklung des Konfliktes«* bis hin zum *»Höhepunkt«* (Peripetie) und der *»Katastrophe«* mit *»Epilog«* lassen sich zweifellos die Aufbauelemente einer Tragödie erkennen. Der Impuls, der einer solchen dramatischen Gestaltung innewohnt, hat nachweislich der Verarbeitung des Mythos in seiner späteren europäischen Rezeption die Dynamik gegeben.

Freiheit durch künstlerische Intelligenz?

Dädalus leidet an seiner Verbannung in Kreta; er will sich aus der Gefangenschaft des Königs Midas befreien. Der Versuch, das Glück der Freiheit mit einer ganz neuen Methode zu erreichen, endet in der Katastrophe. Unwillkürlich stellt sich dem Leser die Frage nach dem Grund dieses Unglücks, danach, was oder wer daran schuld ist. Die Geschichte hat, das ist unverkennbar, eine existentiell ethische Dimension. Sie entwickelt sich am Kern des Geschehens.

In der erzählerischen Phantasie des Autors besiegen zwei Personen die Schwerkraft der Erde; sie fliegen, den Vögeln gleich, durch den Äther. Eine Not hat Dädalos, den »Kunstsinnigen« – im Griechischen τεχνίτης im Lateinischen *artifex* genannt – dazu veranlasst, die ihm gegebene technische Fähigkeit, seine »Kunst« (ars/artes – τέχνη) für etwas bislang noch nie Dagewesenes einzusetzen. Auf bislang »unbekannte Künste« richtet er seinen Geist (*ignotas animum dimittit in artes,* v. 187). Der Künstler will durch die Luft, einen Bereich, über den der allmächtige Minos keine Macht hat, die Flucht wagen. *»Mag er alles besitzen, die Luft besitzt Minos nicht«.* (Omnia possideat, non possidet aera Minos, v. 187). Mit Nachdruck wird betont: Auf diesem Gebiet hat sich bislang noch kein Mensch mit seinem technischen Geschick versucht. Offenbar passt ein solches Experiment – nach antiker Vorstellung – nicht in den von der Natur vorgegebenen Entfaltungsspielraum des Menschen.

Ovid nennt deshalb dieses Unterfangen naturam novare, *»die Natur erneuern, verändern«.* Was meint dies? Zunächst wohl: die spezifische Natur des Menschen durch Verwandlung in vogelartige Wesen *»neu machen«*, doch in erweitertem Sinne, da der Mensch aus dem ihm von der Natur gesetzten Rahmen ausbricht, die Natur, ihre von Anfang an festgelegte Bedingung, ihre Gesetze verändern, erneuern, geradezu revolutionieren. Für antike Ohren hat ja das Wort novus/novae res immer die Konnotation von Umsturz, Revolution.

Das Revolutionieren der Naturgesetze ist in der Tat eine Leistung, die als wundervoll, als sensationell angesehen werden muss, als ein *»Wunderwerk«* (mirabile opus v. 219 f.), das den, der es macht, den *»*Macher*«*, den *»*Meister*«* (opifex v. 201) über menschliches Maß hinaushebt, und mit ihm auch den, der an dem technischen Machwerk teilhaben darf, den Nutznießer. Als nämlich beide, Dädalus und Ikarus, nach dem Anlegen der Flügel, sich in die Luft erhoben haben und ihre Bahn nach Norden in Richtung Athen ziehen, geraten sie – die Erzählung macht dabei einen abrupten »Filmschnitt« hin zur Blickrichtung von unten nach oben – in den Gesichtskreis der Menschen auf der Erde, die ihren einfachen, natürlichen Arbeiten nachgehen, wie reagiert der normale, ›naive‹ Mensch – der Bauer, der Fischer, der Hirte im Anblick des Ungewohnten, Unbekannten, Unerhörten?

»Er sah, staunte und glaubte, dass die, die den Äther durchziehen könnten, Götter seien.«
(»Vidit et obstipuit, quique aethera carpere possent, credidit esse deos.« v. 219 f.)

Sehen, Staunen, Glauben, dass dies Götter seien, die durch den Äther ihre Bahn ziehen können. Gottähnlichkeit vermutet man also bei dem, der die Gesetze der Natur außer Kraft zu setzen, der dieses *»Erneuern der Natur«* vermag. Dicht neben dem Staunen liegt jedoch der Schauder, die ängstliche Spannung, nicht so sehr bei den Betrachtern,

eher bei den Akteuren. Vater Dädalus zittert, als er dem Sohn die Flügel anlegt. Seine Wangen befeuchten sich mit Angstschweiß oder mit Tränen, weil er, der seinen Sohn *»in die schädliche Kunst einweist«* (damnosas erudit artes, v.215), das Gefährliche des Abenteuers ahnt. Ovid baut das dafür treffende Wort in den Kontext ein: *»Gefahr!«* (pericla, v.196). Der Vater gibt deshalb dem Sohn Flugregeln. Er solle die mittlere Bahn zwischen Himmel und Erde einhalten. Doch der ist Vernunftgründen nicht zugänglich. Ihn fasziniert die Chance des Spiels, die Lust an der Freiheit, der Rausch des Fliegens. Ikarus ist *»vom unbändigen Drang in die Höhe«* erfasst (cupidine caeli tractus v. 224), so als wäre er in das Wirkungsfeld einer unbeherrschbaren Anziehungskraft geraten. Er stürzt ab, von der Hitze der Sonne seiner Flügel beraubt. Sein Höhen-Rausch endet im Tiefen-Sturz.

Der Vater, der schmerzerfüllt nur noch die Federn im Meer erblickt, *»verflucht seine Künste« (devovit suas artes* v. 234). Darin offenbart sich – im Rahmen der als Tragödie angelegten Geschichte – die tragische Bewusstheit des Helden. Das Fehlverhalten, die Schuld, die die Peripetie der Handlung hin zur Katastrophe bedingt, ist sowohl dem Schöpfer wie dem Nutznießer des technischen Wunderwerks anzulasten. Beide haben die Natur zu revolutionieren versucht und dafür Strafe erlitten. Das Tragische der Situation verursacht – nur verhalten angedeutet – die Betroffenheit, das Leid des einen, der emotional reagiert. Dies ist hier die Botschaft der Phantasie des Dichters.

Die spätere Rezeption des Mythos hat sich nachweislich aus dieser erarbeiteten inneren Konstellation der Geschichte entwickelt. Wobei sich allerdings die »Tragödie« fast ausschließlich auf Ikarus fokussierte. Ikarus ist zur europäischen Symbolfigur für die Ambivalenz technischer Leistungskraft und ihrer Folgen geworden. Im Mittelalter zählt der Himmelsstürmer zu den Toren der Menschheit, der mit in Sebastian Brants »Narrenschiff« sitzt. Das Bild vom Erneuern der Natur wird alsbald vorherrschend, zumal in der beginnenden Neuzeit durch das Werk des englischen Philosophen Francis Bacon 1620 die

sog. technologische Revolution in Gang gesetzt wurde und das Zeitalter der Maschinen begann. Die Industrialisierung feierte Erfolge und machte den Menschen zum Herrn über Welt und Natur. Auch mit zerstörerischen Folgen. Was eben, weil »erneuernde« Eingriffe in die Natur erfolgten, geradezu zwangsläufig am antiken Bild des absturzgefährdeten Ikarus seinen visionären Ausdruck erhielt. Das technische Werk als »Fluggerät« trifft zu allererst mit zerstörerischer Wirkung dessen Nutznießer, wie etwa das Rezeptionsdokument von Wolfgang Mattheuer »Der Sturz des Ikarus II« (1973) zeigt.

Ikarus ist hier einer totalen Wesensänderung ausgeliefert. Ein Interpret drückt dies so aus:

> *»Ins Nachtdunkel getaucht zieht der*
> *›Astronauten-Ikarus‹ seine*
> *kosmische Bahn. Halb technoides,*
> *halb geflügeltes Wesen befindet sich*

diese Symbiose von Natur und
Technik schon im Zustand der
Auflösung. Die Flammen haben
bereits einen Flügel zerstört
und greifen den verbliebenen an, der im
Widerschein der Sonne metallisch
kühl erstrahlt. Auch hier ist das
Ende des Fluges programmiert.«

Der Vogel, den der Mensch hier nachahmt, ist kein echter mehr. Er ist eine Metallkapsel. Ikarus sitzt darin zusammengekauert in der Spitze, dem Ende durch das Feuer wehrlos ausgeliefert. In der Phantasie des Künstlers hat der Held seine Identität an das technische Produkt abgegeben. Ikarus geht in der Weltraumkapsel auf, sie ist seine Existenz. Das Ovidische naturam novare ist hier bereits in einer extremen Form vollzogen. Hier koinzidiert in der Ikarus-Metapher Technik und Mensch. Die kunsthistorische Interpretation spricht von einer »Mensch-Technik-Symbiose«. Insofern ist die antike Figur »Symbol für das Scheitern der Technik« (Rudolf Henneböhl, 2023).

Und doch ist, wie es Armstrongs Bild-Vision suggeriert, noch ein weiterer Schritt dieser Totalisierung der Identität von Mensch und technoidem Werk möglich. Das Ikarus-Schicksal ist da zur Metapher für die Erdkatastrophe, für die Naturtragödie schlechthin geworden. Der seiner Flügel durch die Sonnenhitze beraubte abstürzende Ikarus versinnbildlicht die durch das Universum irrende Erde, deren mit Flügeltrümmern verunstaltete Oberfläche das Ende allen Lebens signalisiert. Wie Dädalus seinen Sohn verliert, so die Menschheit ihren Globus. Ein Interpret des Armstrong-Bildes urteilt:

> *»The world flying too close to the sun of knowledge and getting destroyed in the process. In other words it is mankind or humanity, that has aspired too high… and the world is irretrievably broken in consequence.«* (Jonathan Gibbs. In: Andrew Lambirth, 2009, 86 f.).

Im Ovid-Text werden in den Schlussversen Emotionen wachgerufen, Angst und Schmerz. Im mehrmaligen Ruf des Vaters »*Ikarus, wo bist du?*, der ohne Antwort bleibt, klingt ein Unterton von verbitterter Trauer an. Wie ist die Gestimmtheit derer, die Armstrongs Bild betrachten? Beklommenheit, Betroffenheit, vielleicht sogar Angst? Dem Maler lag gewiss daran, beim Anblick der von ihm gestalteten Vision den Betrachter nicht emotionslos zu lassen. Das gelingt ihm auch. Die intendierte Wirkung trifft freilich tiefer nur den, der den Ikarus-Mythos kennt, und zwar in seiner Ovidischen Fassung. Nur dann entfaltet er ganz seine Symbolkraft, wird zur Manifestation einer totalen Verschmelzung von Antike und Gegenwart.

LITERATURHINWEISE:

BRANT, S.: Das Narrenschiff. Stuttgart 1964.

HENNEBÖHL, R.: Ovid – Metamorphosen. Lehrerkommentar. Bad Driburg 2023.

LAMBIRTH, A.: John Armstrong paintings. Darin Interpret der Bilder: Jonathan Gibbs. London 2009, S. 86 ff.

MAIER, F.: Ovid – Dädalus und Ikarus. In: Interpretationsmodelle. AUXILIA 2. Bamberg 1981.

Europa – Ikarus – Orpheus. Abendländische Symbolfiguren, ANTIKE UND GEGENWART. Lehrerkommentar. Bamberg 2011.

IKARUS – Europas Symbol für die Gefährdung von Mensch und Welt. In: Antike aktuell. Bamberg 1995.

Ikarus – Fürst der abendländischen Mythologie. In: Pegasus. Lehrerkommentar. Bamberg 2009.

QUENEAU, R.: Der Flug des Ikarus. München 1972.

SCHÖNEMANN, H.: Wolfgang Mattheuer. Frankfurt a.M./Olten/Wien 1988.

Die Leiden des »Glückskinds« Horaz

»Die Stadt- und Landmaus« – eine Fabel in der Satire

Quintus Horatius Flaccus war kein Stadtrömer. Doch gehörte er den Großteil seines Lebens zu den Arrivierten der Gesellschaft in Rom, der Hauptstadt des Imperiums. Und daran hatte er offensichtlich nicht nur Freude. 65 v. Chr. geboren, in Venusia, einem ziemlich weit von Rom entfernten Städtchen. Ein gütiger Vater, angeblich ein Freigelassener, der sich ein kleines Landgut erarbeitet, dieses aber im römischen Bürgerkrieg wieder verloren hatte, brachte doch die Mittel auf, seinen begabten Sohn in Rom, dann sogar in Athen studieren zu lassen. Was für den aufstrebenden Quintus die Chance bedeutete, mit Literatur und Philosophie in enge Berührung zu kommen. Moralische Eigenschaften freilich wie Einfachheit, Sparsamkeit und Achtsamkeit gegenüber der Natur, die in seinem anfänglichen Leben auf dem Land wurzelten, gab er nicht auf.

Interesse fand Horaz alsbald an den Dichtern, den altrömischen und den frühgriechischen. Hier hatte es ihm vornehmlich die Lyrik angetan. Nebenbei hörte er gerne philosophische Vorträge, zumal der Epikureer und Stoiker. Ein festes Berufsziel verfolgte er nicht. Politische Ambitionen allerdings hatte er, wie man annimmt, durchaus gehabt. Doch als im Waffengang der Caesar-Rächer die Republik, der »Freistaat« untergegangen war, gab er alle Karrierehoffnungen auf. Er wandte sich der Dichtung zu. Und dem epikureischen Lebensstil. Es gelang ihm, wohl schon wegen seiner allmählich bekannt werdenden literarischen Begabung, Zugang zu höheren, luxuriösen Kreisen zu finden. Die bereits angesehenen Dichter Vergil und Varius wurden auf Horaz aufmerksam und führten ihn in den Kreis des Kunstliebhabers und -förderers Mäzenas ein, der den neuen *»ersten Mann«* (princeps) im Staat, Kaiser Augustus, hofierte. Ein Karrieresprung für den Sohn eines Freigelassenen! Horaz wurde einer der treuesten Anhänger des Staatsführers, dem er den poetischen Ehrenkranz geflochten hat. Er gehörte zur high society Roms, verkehrte mit Vertretern der altehrwürdigen Aristokratie auf vertrautem Fuße, nahe dem innersten Zirkel der großen Politik.

Doch noblesse oblige. Adel verpflichtet. Und belastet. Horaz musste diese Not leidvoll erfahren haben. Er, der in einfachen Verhältnissen aufgewachsen war, stand jetzt mitten im Wirbel des Großstadtlebens. Alle kannten ihn. Der Prominente wurde gegrüßt, musste zurückgrüßen. Sollte ihm das nicht so vorgekommen sein wie heute die lästige Erfahrung eines Promis »*Jeder will mit mir ein Selfie machen!*« Man fragte ihn nach »den Geheimnissen des Reiches«, wovon er doch als einer von den Glücklichen da oben wissen musste. Gewiss schmeichelnder Stolz, ein erhebendes Gefühl für den einst niederen Mann! Zudem hatte der willige Günstling des Kaisers – seiner Stellung entsprechend – harte Geschäfte, auch vor Gericht, zu erledigen, Bürgschaften für Freunde zu übernehmen. Tag für Tag. Er war – als Mann der Öffentlichkeit – im »politischen« Dauerstress. Horaz wurde innerlich zermürbt.

Und er war sich dieser Misere bewusst. Er träumte von jener Unbekümmertheit in seinen frühen Jahren. So dass er seine aufregende Existenz bedauerte, dieses Bedauern mit den Mitteln seiner Sprachkunst den römischen Lesern bekundend. In einer Gedichtform, die Selbstironie zuließ, in der Satire, die wenn nicht von den Römern erfunden, so doch zur Vollendung gebracht worden ist. Als eine Gedichtform, die auf Witz und Spott hin angelegt ist. Horaz gilt als Meister der römischen Satire. Die Satire II 6 zählt zu den Großleistungen des Autors, auch weil darin ein literarisches Bravourstück gelungen ist. Am Beginn steht ein beglückendes Bekenntnis:

»*Das war so meiner Sehnsucht Wunsch: ein Ackergut auf nicht zu großem Raume, dazu ein Garten und dem Haus benachbart ein frisch rinnender Quell und oben am Bergeshang ein Fleckchen Wald. Reicher und schöner ist, was mir die Götter bescherten. Mein Herz ist zufrieden.«*

(Sat. II 6,1-4. Übersetzung h. und ff.: Hans Färber)

Abseits vom Trubel der Stadt wünschte sich Horaz ein kleines Stück Land. *»Das war der Inbegriff seiner Sehnsucht«* (Hoc erat in votis). In Erinnerung an die ruhige Abgeschiedenheit auf dem Gut seines Vaters verlangte der nun Vollengagierte nach einem beschaulichen Rückzugsort, ein kleines Landhaus mit Garten und einer Wasserquelle. Der Dichter hat ein solches *»Ackergut«* tatsächlich von Augustus erhalten, das Sabinum in den Albanerbergen nördlich von Rom gelegen. Mehr wünscht er sich nicht, auch keine weitere Zutat. Nur darum bittet er die Gottheit, sie solle ihm nicht die Schwingen seines Geistes schwer machen. Horaz will geistig tätig bleiben. Was er am Land sucht, ist geistvolle Unterhaltung und das schlichte Schaffen der Muse. Dem stellt er das gegenüber, wovor er zuweilen zu fliehen begehrt. Was ihm sein Leben in der Stadt zum Leiden macht.

‹…› Kein übler Ehrgeiz drückt,
kein bleischwerer Scirocco quält mich hier, nicht der drückende
Spätsommer, die Erntezeit der herben Leichengöttin. Vater der heiligen
Frühe – oder ist Janus der Name, den du lieber hörst? ‹…›. In Rom,
da reisst du mich heraus. Da muss ich Bürgschaft stellen. »Heda! Du
sollst der Freundespflicht entsprechen. Spute dich, damit kein anderer
dich aussticht!« Ob nun der Nordwind den Erdboden fegt, ob im tiefen
Winter der Schneetag zögernd seine engste Bahn betritt: – ich muss
hinaus! ‹…› Muss im Gewühl die Ellbogen
brauchen und die Langsamen unsanft beiseite drücken. ›Was willst du,
bist du verrückt? Was fällt dir ein?‹ So fährt mich einer gröblich an
mit Zornesflüchen. ›Du möchtest wohl alles beiseite stoßen, wenn's
einmal wieder zu Mäzenas geht: da rennst du und hast nur Sinn für
ihn!« Ja, das ist meine Freude, meines Herzens Lust! Warum es leugnen?
Aber wenn die düstere Höhe des Esquilin erreicht ist, brechen
hundert fremde Anliegen über mich herein und umschwirren mich von

allen Seiten. ›Roscius lässt dich bitten, du mögest morgen vor der zweiten Stunde beim Gerichtstermin ihm Beistand leisten.‹ ›Es handelt sich um eine wichtige und brennende Standesfrage.‹ ‹…›«

(II 6, 18-36 m.A.)

Horaz ist der Bekannte, Begehrte – und Gehetzte. Im Gedränge der Masse auf Roms Straßen kommt er in brenzlige Situationen. Er muss sich, da in Eile, zwischen den Leuten hindurchkämpfen unter Einsatz seiner Ellenbogen. Man erkennt ihn. Doch kein freundliches Grüßen. Beschimpfungen hat er sich anzuhören. »Du Glückskind« ruft man ihm ironisch zu. Man nennt ihn einen Verrückten und verhöhnt ihn als einen von den Oberen, der hinauf zu Mäzenas auf den Esquilin, einen der Hügel Roms, hastet, wo sich die Dichter und Denker in der Villa des Kunstförderers trafen, der keinen Sinn für die Minderen in der »Unterstadt« hat. Noch schlimmer kommt es, wenn man ihn mit Bitten und Anliegen überfällt, er solle vor Gericht diesem und jenem Beistand leisten. Und dies jeden Tag. Am Morgen muss er raus, ob bei drückendem Scirocco oder im Winter bei schlüpfrigem Schnee, wenn der Nordwind durch die Straßen fegt. Welch elendes Dasein für den sensiblen Dichter. Horaz leidet darunter.

All dies nur, um dem großen Mäzenas zu Diensten zu sein, um mit ihm in der Sänfte zu sitzen und lockere Konversation zu führen. Weshalb man ihn mit neidischen Blicken verfolgt, ja als »Glückskind« verspottet und süffisant sich von ihm Rat und Antwort in belanglosen Dingen holt:

‹…› Bester Freund, du musst ja
Bescheid wissen, denn du hast nähere Fühlung mit den Allmächtigen,
den Göttern.« (II 6,51-52)

Da der Betroffene dazu nichts sagen kann und will, unterstellt man ihm *»die ausnehmende und tiefe Verschwiegenheit«* eines treuen Anhängers des Herrschers. Bei solch banalem Zeitvertreib schwinden Horaz, dem Intellektuellen die Tagesstunden. Auch wenn er – welche Gunst!

– im Reisewagen den Mäzenas begleiten und mit ihm vertrauliche Nichtigkeiten austauschen darf. Alles verlorene Muse. Horaz ein »Glückskind«, wie man ihm gelegentlich zuruft? Mitnichten in Rom. Daher sein abruptes Abschweifen seiner Gedanken, hin zum Ort seiner Sehnsucht.

> *»‹…› Geliebte Flur da draußen, wann werden meine Augen dich schauen? Wann darf ich nach unruhevollem Leben süßes Vergessen schlürfen, jetzt aus Büchern der Alten, jetzt im Schlummer und in Stunden der Muße?‹…›Ach, ihr Nachtmahle, ihr Götterschmäuse, wo ich mit Freunden am eigenen Herde speise und meine verzogenen Sklaven satt mache von den Resten des Herrenschmauses. Ganz nach Gefallen mischt und lehrt jeder Gast seinen Becher, ohne den Zwang sinnloser Trinkgesetze, gleichviel ob seiner Fassungskraft feurigen Trunk verträgt oder zu fröhlicher Befeuchtung das gelinde Maß vorzieht. So entspinnt sich dann die Unterhaltung, nicht über Landhäuser und Stadtpaläste andrer Leute, auch nicht über Herrn Lepos' Erfolge und Misserfolge im Ballett; nein, wir besprechen, was uns näher angeht, was wir, um nicht Schaden zu nehmen, verstehen müssen: ob Reichtum, ob Tugend das Menschenglück begründet, ob wir Freundschaft nur aus Vorteil schließen oder um sittlich uns zu fördern; Dazu die Frage nach dem Wesen des Guten und dem höchsten Gut.‹…›«* (II 6,69-76)

In Horaz' Vorstellung ist, was auf dem Landgut ihm gegönnt wird, das »Kontrastprogramm« zu seiner Existenz in der Großstadt. *»Er erzählt in der Ruhe dieses Aufenthaltes dort von seinen Plackereien drunten in der Stadt, die ihn immer nach dem schöneren, besseren Leben auf dem Lande verlangen lassen.«* (Friedrich Klingner: Römische Geisteswelt 1961, 361). Da findet er süßes Vergessen, Abschalten, sorgenfreie Muße bei Gelagen, »*Götterschmäusen*«, die am eigenen Herd bereitet werden und dazu die Freuden des Weingenusses, ohne Tischzwang, so viel, wie ein jeder verträgt, vom Trunk befeuert oder mit Maßen genießend. So dass sich Unterhaltung entspinnt, nicht im Stile der städtischen Banketts, wo man über Besitz und Reichtum parliert oder, ob der Bühnenstar »Lepos« (der »Schönling«) gut oder schlecht Ballett getanzt hat. Man spricht im Kreise der beieinandersitzenden Freunde über ganz Anderes, was zu verstehen nötig ist: Ob Reichtum oder Tugend glücklich macht? Ob man Freundschaft nur um eines Vorteils willen schließt, was das Gute ist und was man von Gott hält. Hier aktualisiert sich Philosophie, im Geschehen und im Denken.

Da ist Horaz der Epikureer, der im Kreise der Freunde der Lust des Augenblicks frönt, doch auch einer, der in den Gesprächen das Lebens- und Weltverständnis der Stoiker zur Geltung bringt. Die Frage nach dem höchsten Gut und nach Gott, über die man diskutiert, ist gewiss eher von stoischer Provenienz. Der Dichter *»pendelt zwischen Stoa und Hedonismus«* (Michael v. Albrecht). In solcher Atmosphäre erzählt man sich auch Geschichten, die zum Thema passen, auch der Situation angemessen sind. Da ist etwa der Nachbar Cervius, der folgende kleine Geschichte, eine fabella, eigentlich *»kleine Fabel«* erzählt – die sich freilich als *»eines der berühmtesten Stücke der horazischen Dichtung« (*Ekkehard Lefevre: Horaz. 1993, S. 126) entpuppt:

> *»Einmal soll eine Landmaus eine Stadtmaus in ihrem armseligen Erdloch empfangen haben, eine alte Freundin die andere, einfach und sparsam mit dem Erworbenen, dennoch so, dass sie ihren engen Sinn für eine Bewirtung lockerte. Wozu viele Worte? Weder missgönnte sie die aufgesparte Erbse noch den langen Hafer und mit ihrem Mund brachte sie eine Rosine und ein angeknabbertes Stückchen Speck, gab es ihr und suchte, den heiklen Geschmack derer, die mit hochmütig verzogenem Mund kaum einzelne Stückchen anrührte, während die Hausfrau selbst, auf heurigem Stroh hingestreckt, Dinkel fraß und Lolch und die Leckerbissen (der Freundin) überließ.*
> *Schließlich sagte die Stadtmaus zu dieser: ›Wie kann es dich nur freuen, Liebste, auf dem Abhang eines steilen Waldes zu leben? Hast du Lust, die Menschen und die Stadt den wilden Wäldern vorzuziehen? Solange es erlaubt ist, lebe glücklich in erfreulichen Verhältnis-*

sen!‹ Diese Worte beeindruckten die Landmaus, und schon hatte die Nacht die Mitte der Himmelsbahn erreicht, als beide ihre Füße in das reiche Haus setzten, wo über Betten aus Elfenbein eine mit rotem Scharlach gefärbte Decke schimmerte und von einem großen Mahl viele Gänge übrig waren. Sobald sie also die Landmaus hingestreckt auf purpurner Decke Platz nehmen ließ, lief die Gastgeberin wie ein hochgeschürzter Sklave hin und her und brachte eine Speise nach der anderen und ganz nach Sklavenart erfüllte sie ihre Pflichten und kostete alles vor, was sie herbeibrachte. Jene lag da, freute sich am geänderten Los und spielte froh durch die gute Lage den Gast, als plötzlich gewaltiges Türenschlagen beide aus ihren Betten jagte. Ängstlich liefen sie durchs ganze Zimmer und noch stärker trippelten sie entsetzt herum, als das hohe Haus vom Gebell molossischer Hunde erschallte. Da sagte die Landmaus: ›Dieses Leben habe ich nicht nötig, lebe wohl! Mich wird mein gegen Anschläge sicherer Wald und meine sichere Höhle trotz ärmlicher Hülsenfrüchte trösten.‹« *(II 6,80 ff.)*

Klipp und klar. Die Fabel spiegelt Horaz' Existenz wider. Nur in umgekehrter Reihenfolge des Seelenzustandes. Bei Horaz zunächst die »Welt« in der Stadt, dann die auf dem Land. In der Fabel zunächst die »Welt« der Landmaus, dann die der Stadtmaus. Die Landmaus lebt draußen in einem armseligen Erdloch am Abhang in der Nähe des Waldes. In dürftigen Verhältnissen, die ihr nur mit den einfachen Gaben der Natur sich das Leben zu fristen gestatten, jedoch ihren menschlichen, fürsorglichen Sinn, ihre Großherzigkeit zu zeigen erlaubt. Sie bewirtet die Stadtmaus mit dem Besten, was sie hat: mit Erbsen, Hafer, einer Rosine und einem Stückchen Speck, während sie sich auf Stroh liegend mit billigem Dinkel und Lolch begnügt. Der Gast aus der Stadt freilich rührt kaum etwas an und der ländlichen Freundin armseliges Leben hochmütig verachtend preist sie ihre glücklichen Verhältnisse in der Stadt, in die sie die Landmaus einlädt. Solcher Verlockung widersteht das Geschöpf vom Lande nicht und macht sich mit seiner städtischen Partnerin auf den Weg. Was folgt, ist eine episch-dramatische Schilderung:

Wanderung in die Stadt bei Mitternacht, heimliches Eindringen in den reichen Palast, wo die dort beheimatete Maus in Saus und Braus lebt, auf elfenbeinernem Bette, mit scharlachfarbener Decke und mit Leckerbissen in Fülle. Und als sich eben die Geladene genüsslich der aufgetischten Speisen und ihres Lebens erfreut, da auf einmal – dramatischer Höhepunkt – ein Krachen der Türflügel und das laute Gebell eines Molosserhundes. Was die beiden Mäuse von ihren Liegen aufschreckt und durch den Raum flitzen lässt. Die Landmaus, aus ihrem Gücksrausch gerissen, sucht zitternd und in Todesangst Zuflucht vor der Gefahr, mit dem Schrei auf den Lippen: *»Auf ein solches Leben verzichte ich. Leb' wohl! Mir wird der Wald und mein vor Überfällen geschütztes Erdloch Trost spenden und die einfache Erbse genügen.«*

In der Fabel folgt auf den Erfahrungsraum der Landmaus der der Stadtmaus. Horaz beschreibt erst sein Leben in der Weltstadt mit all ihren Bedrängnissen und stellt ihm das glückliche Dasein auf seinem Landgut gegenüber. Wer steht ihm näher? Die Landmaus oder die Stadtmaus? Sicher keine voll und ganz. *»Die beiden Nager repräsentieren zusammen Horaz und somit ›zwei Seelen in seiner Brust.‹«* (Niklas Holzberg: Horaz Dichter und Werk 2009, S. 92). Horaz will und genießt das Stadtleben als Prominenter in der Nähe der Götter – trotz des täglichen Stresses. Er sucht aber auch die Ruhe, das Ungefährdetsein auf dem Lande. Er erträgt das Gedränge in der städtischen Masse und das banale Geschwätz im Reisewagen des Mäzenas. Und er liebt das philosophische Gespräch im Kreise der gebildeten Freunde. Horaz schwankt hin und her. Er ist innerlich gespalten. Er kann sich nicht von seinem Prominenten-Status lossagen, räumt aber wohl dem Rückzug in sein Sabinum den Vorzug ein (ausführlicher dazu Maier, F.: Lateinunterricht zwischen Tradition und Fortschritt, Bd. 3, 365 ff.).

Was Horaz in der Satire II 6 sagt, ist ein großartiges Dokument ironischer Selbsterkenntnis. Weshalb sie auch – nach Hans Färber (1964) – als *»die Krone der Horazischen Satirendichtung«* gilt. Der Dichter ist sich seines gebrochenen Gefühlszustandes bewusst und stellt ihn – nicht ohne Humor – so dar, dass die Leser darüber lächeln oder frotzeln können. Und er verschärft diesen Effekt noch dadurch, dass er zusätzlich seine Existenz im Spiegel einer Fabel veranschaulicht, in der die ihn aufwühlende Lebenserfahrung durch eine Tiergeschichte ins Extrem getrieben wird und – gewitzt – bis an den Rand der Glaubwürdigkeit. Die Römer auf den Straßen sind keine Molosserhunde und das Sabinum ist kein Erdloch mit Lolch- und Erbsenkost. Die beiden Welten kommen ihm nur so vor.

Solche Übertreibung ist dem Genre der Satire geschuldet, die durch Übertreibung, mit scharfem Witz und beißendem Spott Personen oder Ereignisse anprangert. Horaz' besonderer Trick freilich ist dabei, dass er in seine Satire eine in ähnlicher Weise fungierende Fabel einbaut, gewissermaßen eine Erzählung in die Erzählung und diese ineinander verschränkt. Wodurch die Aussageintention eine nicht mehr zu überbietende Wirkung erhält. Ein literarisches Bravourstück und zugleich eine Botschaft der dichterischen Phantasie, die gewiss bei nicht wenigen Vertretern der engagierten und gestressten Prominenz – zumal auf dem Felde der Politik – zu allen Zeiten Gehör finden wird.

Literaturhinweise:

v. Albrecht M.: Geschichte der römischen Literatur, Bd. 1. München u. a. 1994, 505 ff.

Färber, H.: Horaz. Sämtliche Werke. München 1964.

Fraenkel, E.: Horace.Oxford 1937.

Holzberg, N.: Horaz. Dichter und Werk. München 2009.

Klingner, F.: Römische Geisteswelt. München 1961, 327 ff.

Lefevre, E.: Horaz. Dichter im augusteischen Rom. München 1993.

Maier, F.: Lateinunterricht zwischen Tradition und Fortschritt Bd. 3. Zur Praxis des lateinischen Lektüreunterrichts. Bamberg 1995, 365 ff.

von den Hoff/Stroh, W./ Zimmermann, M.: DIVUS AUGUSTUS. Der erste Kaiser und seine Welt. München 2014.

»Vor Neid zerplatzt«

Ein Urtrieb – in Fabel und Satire verspottet

Neid ist ein Urtrieb, ein elementares Phänomen menschlichen Denkens und Verhaltens, ein übles oder zumindest ambivalentes noch dazu. Auch schon in der Antike. Zwei der wirkmächtigsten literarischen Genres haben den Neid kritisch thematisiert und mit Phantasie bildhaft vergegenwärtigt. So einprägsam, dass sie über die Zeiten hin bekannt und zur Rezeption in Text und Bild anregend geblieben sind. Sie haben vielfach darin aktuelle Nachfahren erhalten.

1. Die Fabel vom »zerplatzten« Frosch

Die Fabel ist eine spezielle Literaturform, in der der Autor seiner Phantasie freien Lauf lässt – in der Absicht, auf den Leser irgendwie einzuwirken, in ihm ein Licht der Erkenntnis aufgehen zu lassen. Wie der Begriff zeigt, ist die Fabel (von lat. fabula) eher in der lateinischen Literatur zu Hause. Freilich hat auch sie ein griechisches Vorbild in Aesop, einem griechischen Dichter, der wohl schon im 6. Jh. v. Chr., vielleicht in Thrakien, gelebt hat. Diese Fabeln (gr. ainoi/mythoi) sind vom Griechen in dichterischer Form geschrieben worden; erhalten geblieben sind aber nur in Prosa verfasste Versionen, die durch mündliche Überlieferung im Volk lange bekannt geblieben sind, später sogar von manchen Autoren wieder eine metrische Form erhalten haben.

Einer dieser »Reformatoren« war der Römer P h a e d r u s (15. v. Chr. – ca. 59 n. Chr.) Durch ihn ist die Fabel erst so richtig als dichterische Gattung, als ein literarisches Format wahrgenommen worden. Aus Griechenland stammend, war Phaedrus zunächst unter Kaiser Augustus als freigelassener Sklave in Rom tätig und gewann durch seine kurzen, amüsanten, weil den Menschen aus einer bislang unbekannten Perspektive anleuchtenden Geschichten eine nicht geringe Bekanntheit. Wie sein griechisches Vorbild legt Phaedrus darin menschliche Schwächen bloß, indem er sie an Tieren in exzeptionellen Situationen demonstriert. Handeln und Verhalten von Menschen erscheinen ins Tierreich versetzt. Menschentypen werden im Gewande von Tieren vorgeführt und dem Urteil des Lesers anheimgestellt. Erreicht wird dadurch eine lehrhafte Aussage über den Menschen. Die Fabel gilt als *»lehrhafte Tierdichtung«* (Wolfgang Kaiser, Das sprachliche Kunstwerk, 1948). In ihr erhalten die Tiere gewissermaßen Symbolcharakter, wie es etwa die Quintessenz mancher berühmter Fabeln anzeigt: der Fuchs, dem die Trauben zu hoch hängen – der Wolf, der brutal das unschuldige Lamm zerreißt – die Krähe, die sich mit fremden Federn schmückt. Die Lehre, die dem Leser erteilt wird, das sog. »fabula docet«, steht entweder am Anfang oder am Ende des im Metrum des jambischen Senars gestalteten Gedichts. Solche Lehre will keine einzelne Person bloßstellen, sie macht nur darauf aufmerksam, wozu ein Mensch in der Lage ist. Die Fabel zielt auf Demaskierung. Welche Schwäche nimmt sie z. B. am Frosch aufs Korn, der aus Neid zerplatzt? Fabel 1, 24:

»Der Machtlose geht zugrunde, sobald er den Mächtigen nacheifern will.
Da hat einmal auf einer Wiese ein Frosch einen Ochsen erblickt.
Und, beeindruckt von dessen gewaltiger Größe,
blähte er seine runzlige Haut auf. Fragte dann seine Kinder,
ob er größer sei als der Ochs.
Jene haben verneint. Nochmals spannte er seine Haut an
mit noch größerer Kraft. Und zugleich fragte er ähnlich wieder,
wer der Größere sei. Jene sagten: »der Ochs«.
Zuletzt lag er, während er, darüber empört, sich noch stärker
aufblähen wollte, mit geplatztem Leib am Boden.«

„Another Frog and Bull-Story“ (Punch 20. Aug. 1919)

Die Moral von der Geschichte, als Promythion vorangestellt und dann am lebendigen Beispiel verdeutlicht, bedarf der Interpretation. Wer ist mit dem im Originaltext gebrauchten inops gemeint, der den potens nacheifern will? Die lateinischen Wörter sind mehrschichtig. inops als Adjektiv zu inopia (»*Armut, Not*«), das das Gegenteil von opes (»*Macht, Mittel, Reichtum*«) darstellt, meint hier den »*Mittellosen*« ebenso wie den »*Ohnmächtigen, Machtlosen*«. Dahinter steht die Vorstellung, dass der Reiche zugleich mächtig ist und umgekehrt. Wer es also als inops dem Mächtigen, Reichen gleichtun will, läuft Gefahr, sich zu übernehmen. Er ist letztlich verloren, »zerplatzt«.

Neid als Antrieb zu Ehrgeiz, als Triebfeder des Erfolgs oder dazu, die einem von Natur gesetzten Grenzen zu überschreiten, ist eine gefährliche, tödliche Emotion. Die Froschkinder, die dem Vater in ihren Antworten gleichsam den Spiegel vor Augen halten, könnten ihm als Warnung dienen. Der Neidische nimmt sie aber als Anstoß zu noch stärkerer Anstrengung wahr. Neid löst dabei jedoch, wie das beim dritten Versuch bewusst gesetzte *»empört«* (indignata) anzeigt, in der Psyche zusätzliche negative Affekte aus, die dem Betroffenen allen Sinn für Maß und Beherrschung rauben. Sie lösen Ärger und Empörung über die eigene Schwäche und Minderwertigkeit im Größenwahnsinnigen aus, die ins Verderben führen. Im Medium der Tierfabel kommt hier eine sehr drastische Kritik an einem Befund der Menschen in der römischen Gesellschaft zum Ausdruck. Die Fabel ist ja, wie es Klaus Grubmüller (Die Fabel, 1982) ausdrückt, *»ein Exemplum der Lebenswelt«*. »*Der Sinn solcher Fabeln*«, so Albin Lesky (Geschichte der griechischem Literatur, 1957/58), *»ist soziale Kritik, die sich in loser Verhüllung deutlich genug im Namen der Schwachen und im Zeichen des Rechts gegen die Willkür der Mächtigen wendet.«*

Vielleicht mag sich der römische Leser im Spiegel dieser Tiergeschichte der Aggression der eigenen Imperatoren gegenüber den schwächeren Völkern bewusst geworden sein. An der Macht der Römer zerschellten alle, die es – aus Neid – mit ihnen aufnehmen, sie an Größe erreichen wollten. Umgekehrt trieb invidia als »*Neid*« und »*Missgunst*« die Römer dazu an, Gleichstarke nicht neben sich unabhängig bestehen zu lassen. C. Iulius Caesar hat uns dafür eine beweiskräftige Stelle in seinem »Gallischen Krieg« hinterlassen Der Gallier Critognatus erhob in seiner Rede kurz vor dem Untergang seiner Stadt Alesia durch Caesars Legionen den Vorwurf:

> *»Was wünschen, was wollen die Römer anderes, als von Neid und Missgunst getrieben sich auf den Ländern und in den Gemeinden derer niederlassen, deren ansehnlichen Ruhm und deren beachtliche Kriegsstärke sie erkannt haben, und ihnen die ewige Knechtschaft aufbürden?* *(De bello Gallico 7, 77,15)*

Hat hier der Imperator Caesar in der Emotion, in der seelischen Befindlichkeit der invidia die Triebkraft des imperialen Vorgehens seines Volkes gesehen oder überhaupt das Grundmotiv des römischen Imperialismus erkannt? Er übte da aber gewiss keineswegs ideologische Selbstkritik. Ihm muss freilich dieses Grundmotiv des römischen Herrschaftskalküls bewusst gewesen sein. An dieser Stelle hat der Autor gewissermaßen historische Realität ein Stück offen gelegt.

Eine solche Absicht liegt der Fabel nirgends zugrunde. Sie ist bloße Fiktion. Sie bezieht sich also niemals auf einen konkreten, historischen Fall. Ihr Angriffsfeld sind die allgemein üblichen Schwächen des Menschen, die indirekt im Bild der Tiergeschichte plastisch vor Augen treten. Fabeln sind faszinierende Botschaften der Phantasie. Als solche haben sie eine großartige Wirkmächtigkeit entfaltet. Von den unzähligen Nachfahren seien nur genannt.: Gotthold Ephraim Lessing, La Fontaine, Hans Sachs, Christian Fürchtegott Gellert, Wolfdietrich Schnurre, Helmuth Arntzen.

2. Spott über die »zerplatzten« Neider

Während die Fabel den »Neid« als eine menschliche Schwäche in einer in das Tierreich versetzten »Bild«-Geschichte an den Pranger stellt, nimmt die Satire die Schwäche oder das Laster direkt unter die kritische Lupe an einer bekannten oder fiktiven Person, die sich als Menschentyp erweist, etwa als Erbschleicher, Giftmischer, Schmeichler, Schmarotzer, Kurpfuscher u.ä. Spott und Hohn sind die Mittel, mit denen der Dichter solche Menschentypen ins Licht rückt. Die Gedichtform solcher Äußerungen ist das Epigramm, also die Abfolge von Hexameter und Pentameter.

Der Großmeister in der Gestaltung solcher Epigramme ist der Dichter Martial (40 – 102 n. Chr.). Er hat auch den »Neider«, der offensichtlich im römischen Alltag stets auftrat, zum Gegenstand der Verballhornung gemacht. Auch ihn hatte solcher Neid getroffen. War er doch als Fremder aus Spanien nach Rom gekommen und durch seine Dichtkunst bald in allen Häusern, bis hinauf zum Kaiserhaus unter Titus und Domitian berühmt geworden. Weshalb man ihn in der Hauptstadt missgünstig beargwöhnte. Gegen diese Neider setzte er sich mit satirischer Schärfe zur Wehr. Er bediente sich dabei eines genialen Tricks, insofern er sich selbst zum Gegenstand des Neides machte; er wurde ja als Emporkömmling, als »der Bettelmönch« aus Spanien, wie man ihn nannte, von den Leuten in Rom heftig beneidet.

Das Epigramm 9, 97, das er darüber verfasste, zählt zu den berühmtesten Texten der Martial-Gedichte:

»Platzt doch jemand vor Neid, mein lieber Julius, darum,
weil man in Rom mich liest, deshalb nur platzt er vor Neid.
Platzt vor Neid, weil man immer in jeder Masse von Menschen
mit dem Finger auf mich weist, deshalb nur platzt er vor Neid,
platzt vor Neid, weil mir zwei Kaiser die Rechte gewähren,
die drei Kinder verleihn, deshalb platzt er vor Neid,
platzt vor Neid, weil mir ein liebliches Gütchen am Stadtrand
und ein Haus in der Stadt, deshalb platzt er vor Neid,
platzt vor Neid, weil ich immer beliebt bei all meinen Freunden,
oft man zu Gast mich lädt, deshalb nur platzt er vor Neid,
platzt vor Neid, weil alle mich lieben und weil sie mich loben:
Nun, wer's immer auch sei, platzt er denn, platzt er vor Neid.«

(Übersetzung: nach Rudolf Helm 1957)

Martial überschüttet den Neider mit Spott, ja er verhöhnt ihn mit der regelmäßig am Hexameteranfang und Pentameterende gesetzten Formel *»er platzt vor Neid«* (rumpitur invidia). Dazwischen steht jeweils als Grund eine Begünstigung, die er als »Zugereister« wegen seiner Kunst in der Hauptstadt genießt. Weil man ihn liest, weil man mit dem Finger auf ihn zeigt, weil er von beiden Kaisern das Dreikinderrecht bekommen hat, weil er ein Landgut und ein Stadthaus besitzt, weil er ein beliebter Gast bei Freunden ist, weil er geliebt und anerkannt wird. Wer ihn beneidet, wem also sein Spott gilt, sagt Martial nicht. Er meint alle (*»wer's immer auch sei«*), nennt aber keinen Namen. Wie überhaupt es Grundsatz seiner satirischen Attacken ist: parcere personis, dicere de vitiis (*»Personen schonen, über Schwächen reden«*). Zuweilen freilich hält der Dichter gemeinte Personen hinter einem Decknamen versteckt.

Martial greift fehlerhafte Verhaltensweisen in der römischen Gesellschaft an. *»Man darf vermuten, dass er auf seine eigene Weise Werte verteidigt,* *die er in Rom bedroht sieht, also letztlich moralische Werte vertritt.«* (Helmut Offermann. 2009). Sicher ist: In dieser urrömischen Literaturgattung – der einzigen, die nicht von den Griechen übernommen worden ist (satura tota nostra est. Quintilian, Institutio oratoria 10, 1) – hat der spanisch-römische Dichter sowohl genre- als auch stilbildend gewirkt.

In der Spätantike, im Mittelalter und in der Renaissance fanden Martials Epigramme große Resonanz. Lessing, auch v. Goethe und Schiller – diese beiden zusammen schufen die sog. »Xenien« – sich dabei am antiken Autor orientierend. Die satirische Kunst des heutigen Kabaretts und mancher bissig witziger Kommentatoren von Zeit und Gesellschaft dürfen als Abkömmlinge des römischen Epigrammatikers gelten. Sie zeugen von der Wirkmächtigkeit der Antike.

Ein Beispiel, das soeben neue Aktualität erhält:

»Der moderne Weltuntergang wird sich so vollziehen, dass gelegentlich der Vervollkommnung der Maschinen sich die Betriebsunfähigkeit der Menschen herausstellt. Den Automobilen gelingt es nicht, die Chauffeure vorwärts zu bringen.«

(Karl Kraus, 1874-1936, Schriftsteller, Publizist, Satiriker)

Literaturhinweise:

Ausserhofer, M./Adami, M.: Velut in speculum inspicere. Text und Lehrerkommentar. Bamberg 1999.

Elschenbroich, A.: Die deutsche und lateinische Fabel in der frühen Neuzeit, Bd.1. Tübingen 1990.

Grubmüller, K.: Die Fabel. München 1982.

Helm, R.: Martial, Epigramme. Zürich/Stuttgart 1957.

Hofmann, W.: Martial. Epigramme. Frankfurt a.M./Leipzig 1997.

Lesky, A.: Geschichte der griechischen Literatur. Bern 1957/58.

Maier, F.: »Vor Neid zerplatzen«. Martials invidia-Vergleich. In: Meisterwerke der lateinischen Literatur im Unterricht. Bamberg 2010.

Offermann, H.: Martial. Epigramme. Parcere personis, dicere de vitiis. Text und Lehrerkommentar. Bamberg 2003.

»Weh dem, der keine Heimat hat.«

Literarische Brückenschläge über zwei Jahrtausende

Die Atmosphäre des südlichen Himmels am Gardasee ist bezaubernd. Da ragt, blickt man am Südufer vom ansteigenden Hügel aus nach unten, das Städtchen Sirmione mit einem Teil – wie eine Halbinsel – in den See; nur auf einem schmalen Pfad ist dieses Stadtviertel zu erreichen. Wenn man weiter den sonnenüberfluteten Hang hinaufsteigt, stößt man am Rande eines geteerten Weges auf ein Monument. Drei Steinplatten sind hier zueinander in eine gefällige Komposition gebracht. In der Mitte ein Landschaftsrelief, auf dem sich unter dem Schatten eines Baumes eine junge Gestalt zur Ruhe ausstreckt; den Hintergrund bildet die Silhouette einer kleinen Stadt. Zwei Vögel steigen hoch, denen der am Boden Liegende mit suchendem Blick nachschaut. Eine beschauliche Landschaftsszene, aus dem Stein herausgearbeitet.

Auf den zwei flankierenden Platten steht in italienischer Sprache ein Gedicht, dessen Autor anonym zu sein scheint:

Salve! O mia bella Sirmione,
Perla et regina delle ville
che lago o mare abbia mai
baciato colla carezza delle
sue onde! O con qual gioia
oggi ti revedo.

Oh me beato che a te ritorno
Come torn il pellegrino alla

sua casa desiderata pieno
l'animo ancora delle emozioni
provate. Godo di reposare
le stanche membra.
C. V. Catullo

Das Gedicht ist eine Hommage an Sirmione, das begrüßt wird als Perle und Königin dieser Gegend, als ein Ort, an den man mit Freude wiederkehrt und wo man sich zum Ausruhen gerne niederlässt. Der Betrachter fühlt sich eins mit dem, der diese Worte verfasst hat, vom Zauber der Natur und der Idylle dieser Welt erfasst, er kommt von den Aufregungen des Lebens hier äußerlich zur Ruhe, zu einer Befindlichkeit, von der auch seine Seele mitbetroffen wird. Die Begriffe gioia und godare meinen, wie das lateinische gaudium, von dem sie abgeleitet sind, vor allem die *»innere Freude«*. Die Identifikation ist zwingend. Man fühlt sich, als hätte man seine Heimat (wieder) gefunden. Nach kurzem Verweilen geht man, vielleicht um ein Erlebnis bereichert, weiter – es sei denn, der Blick fällt noch flüchtig auf die rechte Steinplatte.

Der Kundige stutzt. Das Gedicht ist hier signiert: Rechts unten in der Ecke steht: C.V. Catullo. Der italienische Name eines römischen Dichters Gaius Valerius Catullus. Und der Weg, auf dem dieses Denkmal steht, führt, wie zu lesen, zu den berühmten Grotte di Catullo, zu den mächtigen Ruinen eines einstmals ausgedehnten Palastes. In der Tat: Catulls Heimat befand sich nördlich von Rom, im damaligen Städtchen Sirmio. Seine Eltern, reich begütert, konnten sich eine solche Villa im großen Stil leisten. Und sie konnten ihren Sohn nach Rom, in die Hauptstadt, schicken, damit er dort nach entsprechenden Studien politische Karriere machte. Woraus nichts wurde; denn der zarte, sensible junge Mann war für den harten, oft brutalen Kampf auf der politischen Bühne nicht geschaffen. Die Natur hatte ihn zum Dichter gemacht, zum ersten und größten Liebesdichter Roms, mit enormer europäischer Ausstrahlung.

Vor allem seine »Lesbia-Gedichte« haben sich in die europäische Hochliteratur eingereiht. Sie sind zum Vorbild für viele geworden, etwa für den Engländer Lord Byron genauso wie für den Russen Joseph Brodskij oder sogar den Chilenen Pablo Neruda. Noch 1946 schreibt Arkadiji Dragomostschenko, der Petersburger, am Ende eines Gedichtes: *»So ist das Catull, mein Freund, besessener, weinender stiller Poet, der du längst nicht mehr unter den Lebenden weilst … schrecklich bleibt es, dich zu lesen in einem Vorortzug.«* Besessen war Catull von der Liebe zu einer Frau der hohen Gesellschaft Roms, die er *»Lesbia«* nannte und still verehrte. Zu einem »weinenden Poet« wurde er, weil diese Dame sich mit ihm, dem jungen Verehrer, zwar intim einließ, ihn aber dann fallen ließ, ihn enttäuschte, ihm das nahm, was ihm offensichtlich der einzige Halt seines Lebens war. In Liebe und Hass spaltete sich da seine Seele – in eine Zerrissenheit, die aus ihm das wohl schönste Liebesgedicht aller Zeiten hervorbrachte, zu einer in Ausdruck und Form so stimmigen Einheit geschaffen, dass sich im Laufe der Zeiten schon Hunderte vergeblich an der angemessenen Übersetzung versuchten. Die nachhaltigste hat wohl immer noch Eduard Mörike geschaffen. (s. oben S. 55ff.)

»Hassen und lieben zugleich muss ich. Wie das? Wenn ich's wüsste!
Aber ich fühl's, und das Herz möchte zerreißen in mir.« (c.85)

Die Freude der Heimkehr

So hat der moderne Dichter den Zweizeiler nachgedichtet; er hat wohl am besten getroffen, was Catull in diesem Kurzgedicht zu sagen sich gedrängt fühlte. Eine solch kleine, wie geschliffenes Kristall wirkende Form (des sog. Distichons) bevorzugte er als Dichter wie viele Gleichgesinnte seiner Zeit, denen das nationale Pathos eines Epos, einer Tausende von Versen umfassenden Großdichtung, wie es etwa später Vergil in der »Äneis« geschaffen hat, fremd war, so fremd wie überhaupt alles politische Engagement. Am Anfang seiner von den Eltern avisierten Karriere freilich musste dieser sensible Mensch die dafür obligatorische Reise weit weg von der Weltstadt Rom in eine ferne Provinz machen, nach Bithynien in Kleinasien, was monatelanges Reisen zu Schiff mit all den Strapazen bedeutete. Die Last dieser Fernreise muss von Catull nach seiner Rückkehr wohl abgefallen sein, als er sein Sirmio-Gedicht (c. 31) verfasst hat:

»Du Augenstern der Inseln und Halbinseln,
Mein Sirmio, wie viele auch Neptun tragen
Mag in dem weiten Meer und in den Landseen,
Wie seh ich wieder dich so gern und voll Freude!
Kaum glaub ich's selbst, dass ich Bythynien und Thynien
Verlassen habe und in Ruhe dich sehn darf!
Kein schöneres Glück gibt's auf der Welt, als sorglos
Und der Fremde müd die Lasten alle abstreifen,
Zum eignen Herde endlich nun nach Haus kommen
Und im ersehnten Bette wieder ruhn dürfen!
Nur dies kann so viel harte Mühe aufwiegen!
Gegrüßt sei mir, mein Sirmio, des Herrn freu dich!
Auch, ihr Wellen in dem Lydersee, freut euch!
Ihr frohen Geister in dem Hause, lacht alle!«

So begrüßt Catull sein Heimatstädtchen, als er im Jahre 56 v. Chr. von der strapaziösen Reise aus Kleinasien, wo er eine Verwaltungstätigkeit ausüben musste, zurückkehrte. Seine Wiedersehensfreude kleidet er in überschwängliche Worte. Sirmio erscheint ihm als Augenstern aller Halbinseln und Inseln, die Neptun, der Gott des Meeres und der Seen trägt. Als schön, voller Liebreiz preist er den Ort. Die direkte Anrede am Anfang und am Schluss liefert den Rahmen für seine Huldigung an den geliebten Ort. Warum dieses Preislied auf seinen Heimatort?

Die Rückkehr nach Sirmio ist für Catull mehr als ein Wiedersehen mit seinem schönen Zuhause; sie ist ihm eine Befreiung von einer Last, von bedrückenden Sorgen, von einem Leiden an der Fremde. Er kann dies hier – nach seiner Rückkehr – alles beenden, ablegen, sich davon lösen, zur Ruhe kommen an einem Ort von vertrauter Nähe, wie es ausdrücklich der genannte Begriff Lar signalisiert; Lar ist der Schutzgott des Hauses, als »der eigene Herd« gewissermaßen die religiöse Mitte im häuslichen Leben. Die Ankunft in Sirmio ist für den Dichter eine Rückkehr zu sich selbst in der eigenen Welt – eine Art Selbstbefreiung, die Wiederentdeckung des eigenen Ichs. Wozu ihn die Natur nicht geschaffen, zum Dienst am Staat, das schüttelt er ab. Deshalb ist seine Freude nicht nur äußerlich, sie dringt tief in sein Inneres, so stark, dass er an alles sein frohes Grußwort richtet, an Sirmio, an den Lydersee (Gardasee), an alle guten Geister des Hauses. Alle sollen sie in sein Lachen mit einstimmen.

Die moderne Kurzfassung des Gedichtes auf dem Monument, in dem sein Schöpfer Catulls Begeisterung aus seiner zweitausendjährigen Vergangenheit in unsere Gegenwart holt, ist gegenüber dem Original substantiell verändert; sie nimmt der Aussage alle Individualität und alle historische Bedingtheit; weggelassen ist Catulls Lebenssituation, alle konkreten Hinweise auf Geographisch-Historisches, wie Bithynien, Lydersee, Lar, Neptun. Einzig die von überwältigender Freude getragene Spannung zwischen dem sprechenden Ich und dem angesprochenen Sirmio ist beiden Gedichten gemeinsam. Die moderne Nachdichtung will jeden Betrachter als unmittelbar Betroffenen erreichen, das Gedicht ist ›gemein‹, für alle gewissermaßen identifikationstauglich gemacht, dadurch freilich stark trivialisiert. Man empfindet es als »Heimatgedicht«. Catulls Carmen dagegen erweist sich – wegen der sich klar andeutenden existenziellen Dimension – als Schicksalsgedicht, als ein Schicksalsgedicht der Freude.

Das Leid der Verbannung

Zu Catulls Gedicht über seine freudige Wiederkehr in die Heimat lassen sich Verse eines anderen römischen Dichters in Kontrast stellen. Er lebt eine Generation später (43 v. Chr. – 18 n. Chr.). Publius Ovidius Naso, gleichfalls ein dichterisches Genie, »ein Goldschmied des Wortes«. Stolz behauptet er, dass, was immer er zu sagen versuche, ein Vers sei.

Ovid war der Star auf der Bühne von Roms Lebewelt, nahe am Hof des Kaisers Augustus um die Zeitenwende lebend. Er war *»der Dichter des weltstädtischen Rom«* (Friedrich Leo) schlechthin, überhaupt der wirkungsmächtigste Autor der ganzen Antike. Ohne ihn gäbe es in wesentlichen Teilen die europäische Kultur nicht; sein Fundamentalwerk, die »Metamorphosen«, waren und sind der Inspirationsquell für Dichter, Maler, Bildhauer, Architekten, Musiker, für Werbung, Karikatur, Film und Fernsehen. Gestalten wie Ikarus, Orpheus und Eurydike, Pygmalion, Narzissus, Ikarus, Philemon und Baukis u. a. m. wären ohne Ovids Erzählkunst, niemals unsterblich geworden. Auch Ovid war ein Dichter der Liebe, begabt für den Blick in die Seele des Menschen, in denen dessen Leidenschaften – zwischen Liebe und Hass – toben. Ja, er hat sogar Rom, seit Urzeiten die Stadt der Liebesgöttin Venus, die Liebe zu lehren versucht, in der ersten *»Liebeslehre«* (Ars amatoria) auf europäischem Boden; er ist allerdings ihretwegen beim Kaiser sofort in unerbittliche Ungnade gefallen, da er dessen Programm der moralischen Erneuerung Roms zu untergraben drohte, vielleicht auch, weil er noch dazu in einen Sittenskandal am Kaiserhof verwickelt war.

Die Strafe war für ihn fürchterlich; er wurde durch eine kaiserliche Kabinettsorder, ohne Gerichtsverfahren verbannt, so weit von Rom entfernt wie nur möglich, an das »wohl gastliche Meer«, also an das Schwarze Meer, dort wo die Donau einmündet. Er musste den Rest seines Daseins, mit etwa 50 Jahren, – trotz mehrfacher Gnadengesuche – in Tomi (heute Konstanza) im vollen Sinne des Wortes ›ableben‹. Das Exil traf den Dichter hart wie ein Blitzschlag; es war für ihn ein Schock. In seinen dort verfassten Liedern hat sein zehnjähriger Schockzustand Form und Ausdruck erhalten: Gedichte in elegischem Versmaß, also Klagelieder, die er »Tristien« *(»Trauergesänge«)* nennt. Ein Stück daraus sei vorgeführt. Auch Ovid schrieb wie Catull ein Preislied auf einen Ort, – wen sollte es wundern? – auf Rom. Zunächst seine Klage:

»So fern an unbekannter Küste also werde ich sterben,
allein durch den Ort schon ist traurig mein Schicksal.
Nicht wird mein Körper im gewohnten Bette erschlaffen,
und keiner wird sein, der den Daliegenden beweint.

(Tristien, III 37-40)

Der Anklang an Catulls Sirmio-Gedicht ist spürbar, doch auch der Kontrast. Was Catull gegönnt war, nämlich seinen müden Körper im heimischen Bett zur Ruhe zu legen, das kann Ovid selbst in seiner letzten Stunde nicht. Rom bleibt ihm auch da unzugänglich. Wie aber kann der Dichter dieses ferne Rom, den Inbegriff seiner Sehnsucht, preisen? Er bedient sich eines raffinierten Tricks:

»Ich, ein Briefchen des Naso, komme vom gastlichen Strande,
bin von der Seefahrt und von der Wanderung müd.
Weinend sprach er zu mir: »Du darfst es: Sieh dir Rom an!
Ach, wieviel besser dein Los ist als mein eigenes Los!«
Weinend schrieb er mich auch, und hat seinen Ring, mich zu siegeln,
feuchtend nicht an den Mund, nein an die Wangen geführt.
Sollte jemand noch fragen, woher diese Trauer denn komme,
der verlangt, dass man ihm zeigt, wo die Sonne denn scheint,
sieht nicht im Walde das Laub und nicht im offenen Gefilde
wogende Halme und nicht Wasser im strömenden Fluss.
Wundern wird ihn, dass Priamos klagt, weil ihm Hektor entrissen,
dass Philoktetes stöhnt, weil jene Natter ihn biss. –
Hätten's die Götter gefügt und wär' er in solcher Verfassung,
dass seiner Traurigkeit Grund nicht so bedauerlich wär'!«

(Tristien IV 1-14)

Ovid lässt hier den von ihm in die Hauptstadt gesandten Brief sprechen, und zwar über die seelische Verfassung seines Autors zu dem Zeitpunkt, wo er den Brief abgeschickt hat – ein genialer Trick Ovids, geradezu wie ein Filmschnitt, der es ihm ermöglicht, von außen, sozusagen von einem Standort außerhalb seines Ichs, sich selbst zu betrachten, seine Psyche zu analysieren. Der Brief hat die Erlaubnis, die Lizenz (licet v.3), Rom zu sehen. Insofern ist sein Schicksal besser als das seines Absenders. Der Brief schaut Rom, Ovid nicht. Weinend habe dieser, so berichtet der Brief, ihn, den Brief geschrieben und mit seinen Tränen das Siegel befeuchtet; Ovids ganzes Dasein ist, so erzählt uns der Brief, Trauer, Traurigkeit. Und wenn man den Dichter nach dem Grund fragt, so verlangt er, man solle ihn die Sonne sehen lassen.

Weil er Rom nicht sieht, wie er, der Brief, es darf, sieht er überhaupt nichts – nicht das Laub in den Wäldern, nicht auf weiter Wiese die Gräser, noch im vollen Fluss das Wasser. Die Farben sind ihm offensichtlich verloren gegangen, weil ihm die Sonne nicht mehr scheint, jene Kraft, die an den Dingen das Grün, das Gelb, das Orange, das Blau leuchten lässt. Die Welt ist für Ovid grau in grau – Symptom einer tiefen Depression, an der er erkrankt ist. Dem Depressiven verdunkelt sich alles. Der Verlust des Anblicks von Rom zog für Ovid den Verlust seiner inneren Sehkraft nach sich. Die Verben »sehen«, »wahrnehmen« »sich zeigen« dominieren den Text.

Sein Leiden trifft Ovid vernichtend, weil ihm der Resonanzraum seiner Kunst, zu der er sich berufen fühlt, genommen ist. Es fehlt ihm das Publikum, die Gesellschaft, die Großstadt, wo ihm Anerkennung oder auch Kritik widerfährt, wo sich in ihm das Gespür seiner sinnvollen Existenz einstellt. Der Dichter ist brutal aus jener Welt ausgeschlossen, in der allein sich sein Genie hätte wirksam präsentieren können. Nur der mythische Vergleich macht für ihn die Größe seines Leidens ausreichend deutlich. Der Verlust Roms schmerzt den Dichter so wie Priamos, den König von Troja, der Verlust seines Sohnes Hektor oder wie den Trojahelden Philoktet der Verlust der menschlichen Gemeinschaft, aus der er wegen seiner stinkenden Krankheit, einer unheilbaren, schwärenden Fußverletzung ausgestoßen worden ist.

Ovids Liebe zu Rom manifestiert sich in der Negation, im Nichterfülltsein von Freude und Glück. Catull kann in freier Entscheidung von Kleinasien nach Sirmio zurückkehren, sich solchermaßen von der Mühsal des Fernseins erholen – wenn auch nur für eine kurze Weile. Ovid ist für immer die Möglichkeit genommen, aus dem Exil im Barbarenland in das Zentrum der Kultur, in die urbs Roma zu reisen, die ihm der geistig seelische Ort des Daheimseins wäre. Für sein Heimweh gibt es keine Heilung. Seine fünf Bücher »Tristien«, mit weit über 2000 Versen, sind eine einziges Schicksalslied der Trauer.

Die Last der Verlassenheit

Ein Dichter schlägt die literarische Brücke in unsere Zeit! Antike und Gegenwart treten in unmittelbare Verbindung, da sich der Betroffene direkt auf den traurig-trauernden Römer bezieht:

»Wie Ovid, in Trauer, wein
ich der Heimat nach.
Hab keine, hab kein
eigenes Gemach.

Ganz ist die Verbannung, ganz.
Der von außen fasst,
nur den Schein, den Abglanz
nicht die innere Last.

Ach, ein Berg Verlassenheit
Liegt auf meiner Brust.
Meins und alles Daseinsleid
Ist mir grau bewusst.«

An Ovids »Tristien« erinnert sich der österreichische Dichter Josef Weinheber, als er in einer ähnlichen Gestimmtheit seinen Gedichtezyklus »Mit 50 Jahren« schrieb. Welches war seine Situation? Weinheber, in einem Wiener Waisenhaus aufgewachsen, aus dem Gymnasium als schwieriger Schüler vorzeitig entlassen, hat sich durch Selbststudien gebildet, ist in den Postdienst eingetreten, bald aber frühpensioniert zum freien Schriftsteller geworden.

Der Dichter war schon sehr früh ein von Krisen geschüttelter Mensch, dem Alkohol und den Drogen verfallen, als Autor durchaus anerkannt, zumal bei den Heroen des Dritten Reiches, dem Nazi-Regime demnach nicht fremd gegenüberstehend, freilich leidend an der Spannung zwischen Ruhm und Gewissensplage (wegen seiner politischen Orientierung). Sein Bekenntnis schon 1939: *»Ich bin ein schwankender, zerrissener, armseliger Mensch, den eine ständige furchtbare Angst quält.«*

Mehrmals in der Nervenheilanstalt (1940/41), immer schlimmer in den Teufelskreis von Schmerzen und Betäubung mit Morphium und Alkohol getrieben, kommt er bald an das Ende, an dem er 1945 den unausweichlichen Mord an sich selbst begeht. Nicht lange zuvor – 1943 – hat er den genannten Gedichtzyklus verfasst, aus dem die zitierten Verse stammen.

Weinheber verankert die dichterische Reflexion über seine Existenznot im Text eines römischen Dichters, von dem er – nicht zu Unrecht – annimmt, dass er allgemein und zeitlos bekannt ist. Wie Ovid in den mythischen Leidensfiguren Priamos und Philoktet seine Lebensnot spiegelt, wie er, indem er sich in deren Reihe stellt, die Größe seines Leidens sinnlich verdeutlicht, so dient dem Österreicher der antike Autor dazu, durch Erinnerung an dieses »Vor-Bild«, an dieses vorgeprägte Erfahrungsschema sein eigenes Lebensschicksal einprägsam dem Leser ins Bewusstsein zu heben.

Weinheber evoziert eine Stimmungskongruenz in poetisch verdichteter Form, wobei er direkt und indirekt die Parallelen absichtlich herstellt: Tristia – Trauer; flere – weinen; dolere – Daseinsleid. Das schlimme Schicksal, das ihn in Trauer stürzt, ist gleichfalls der Verlust der »Heimat«; »die Verbannung«, die für ihn »ganz« ist. Sie trifft ihn total bis tief ins Innerere. Er spricht von »innerer Last« –, so dass er seine Vereinsamung, seine Heimatlosigkeit wie *»einen Berg Verlassenheit«* auf seiner Brust liegend spürt.

Sein Leiden am Dasein wird ihm *»grau bewusst«,* lässt keine andere Farbe mehr in sein Empfinden kommen. Wie Ovid hat er seine Sehkraft für alles Schöne, Erfreuende verloren – was sich eben auch in seiner brüchigen Sprache ausdrückt. Das Grau in seiner Seele ist gleichfalls Symptom einer tiefen Depression. Der Dichter ist auf dem Weg ins Dunkle, in den Abgrund. Wie der Römer stirbt Weinheber an seiner inneren Qual.

In Weinhebers Gedicht ist kein Ort angesprochen, der entweder gepriesen oder vermisst wird. Was er sagt, ist entlokalisiert. Wien, die Kulturstadt, in der er leben kann, bietet ihm keine Heimat. Diese sucht er ausschließlich in sich und findet sie nicht. *»Es gibt keine … Heimat außer der, die in dir ist.«* So sagt er es wörtlich in seinem Gedicht »Einsamstes Selbstgespräch.« Auf den Punkt gebracht hat dies eine moderne Dichterin:

»Zuhause
nirgendwo
und überall
und hier

Heimat
findest du
nur
in Dir.«
(Luise Maier)

Der Begriff hat sich verinnerlicht; Heimat ist zur Metapher geworden für das Ruhen in sich selbst, für Frieden, für Harmonie, für das Sirmione der Seele.

Die vier Gedichte, in denen wir auf den bereits stehenden Brücken zwischen Gegenwart und Antike hin und her gegangen sind, haben im Kerne das eine Thema gemeinsam: Heimat als äußerer, im Letzten immer auch oder nur innerer Ort des Behaustseins, der Ruhe, der Selbstfindung, der Übereinstimmung mit sich selbst, als der Garant gegen Vereinsamung. Verlassenheit, Verzweiflung – eine zutiefst existentielle Problematik, die Sinnfrage schlechthin, die jeden Menschen bedrängt, die manchen in die Krise stürzt – und die in Form und Sprache treffend auszudrücken, wohl nur dem sensiblen Dichter gegeben ist. So wie es Friedrich Schiller sagt:

»Und wenn der Mensch in seiner Qual versagt,
gibt mir ein Gott zu sagen, wie ich leide«

Die Not der Vereinsamung

Heimatlosigkeit bedeutet für den Menschen Bedrohung. Friedrich Nietzsche, der bedeutendste Philosoph des 19. Jh., zugleich auch ein begabter Dichter, von Haus aus ein professioneller Kenner und Freund der Antike, ein ewig unruhiger Geist, der allen durch die abendländische Tradition geprägten Sinngebungen der Welt eine Absage erteilt, weshalb er sich selbst als *»ein Verhängnis«* bezeichnet, hat solche Bedrohung in aller Härte an sich selbst erfahren. Sein Leben endet in einem zehnjährigen Wahn. In ständig neuer Suche nach dem *»Menschensinn«* ahnt er schon früh bei einem Scheitern die Gefahr des Verlassenseins, die Kälte der Vereinsamung. Im Schlussteil seines Gedichtes drückt er dies unmissverständlich aus:

»Vereinsamt
Die Krähen schrei'n
Und ziehen schwirren Flugs zur Stadt:
Bald wird es schnei'n
Wohl dem, der jetzt noch – Heimat hat!

Nun stehst du starr,
schaust rückwärts ach! Wie lange schon!
Wo bist du Narr
Vor winters in die Welt entflohn?

Die Welt – ein Tor
Zu tausend Wüsten stumm und kalt!
Wer das verlor,
Was du verlorst, macht nirgends Halt.

Nun stehst du bleich,
zur Winter-Wanderschaft verflucht,
dem Rauche gleich,
der stets nach kälterem Himmel sucht.

Flieg', Vogel, schnarr'
Dein Lied im Wüstenvogel-Ton! –
Versteck', du Narr,
Dein blühend Herz in Eis und Hohn!

Die Krähen schrei'n,
Und ziehen schwirren Flugs zur Stadt:
bald wird es schnei'n,
Weh dem, der keine Heimat hat!«

Die Welt ist dem Dichter zum Winter geworden; in Wort und Laut eine ins Düster-Kahle getauchte Atmosphäre. Die häufigen Vokale ei, u, ü, o haben einen stumpf kahlen Klang. Alles Eis, Kälte und Schnee draußen, im Inneren das Fühlen zu Bleiche, Hohn und Fluch gefroren. Und über allem ziehen die Krähen dahin, jene – in alten Sagen – »*Vorboten des Unheils*«.

Welch unendlicher Kontrast zu dem anfangs vorgestellten italienischen Gedicht! Dort das warme, in die strahlende Helle des Sommers getauchte *»Sirmione«*, dessen weiche i-Laute die Freude der Heimkehr spüren lassen, hier das zusammengezurrte -i- in *»schwirren Flugs«*, so als könnte man darin das klirrende Geschrei der schwarzen Vögel über einer zur Todesbleiche erstarrenden Erde hören. Signale des nahenden Irreseins?

»Weh' dem, der keine Heimat hat!« Für Nietzsche keine böse Ahnung mehr, keine Warnung, eher schon die Klage über eine Wirklichkeit gewordene Not, des Verlusts der Heimat außen und innen, des Vereinsamtseins. Im Titel des Gedichts ist dieser Befund angezeigt: *»Vereinsamt«*.

LITERATURHINWEISE:

DÖPP, S.: Werke Ovids. München 1992.

GIEBEL, M.: Catull in Sirmione am Gardasee: Ich hasse und liebe. In Treffpunkt Tusculum. Stuttgart 1993.

KUNISCH, H.: Josef Weinheber. In: Handbuch der deutschen Gegenwartsliteratur. München 1995.

MAIER, F.: Hommage an einen geliebten Ort. Gedichte im Vergleich. Ein Beitrag zur Antike-Rezeption. In: Lebendige Vermittlung lateinischer Texte. AUXILIA 18. Bamberg 1988.

NIETZSCHE, F.: Vereinsamung. In: Lyrische Signaturen (hg. von Urbanek, W.).
Bamberg 1965.

PFEIFFER, J.: Umgang mit Dichtung. Hamburg 1954 (zu Nietzsches Gedicht »Vereinsamt«, 65 ff.).

SYNDIKUS, H.P.: Catull. Eine Interpretation. Bd. 1 (zum Sirmione-Gedicht 185 ff.). Darmstadt 1984.

WEINHEBER, J.: Gedichte (ausgewählt von Sacher F.). Hamburg 1978.

v. WIESE, B.: Der Mensch in der Dichtung. Studien zur deutschen und europäischen Literatur. Düsseldorf 1958.

»Bruder Feuer« – »Mutter Erde«

Der »Sonnengesang« des Franz v. Assisi

Wenn man das Zugehören eines Textes zur europäischen Hochliteratur nach seiner Wirkmächtigkeit bestimmt, so zählt der *»Sonnengesang«* des hl. Franziskus zweifellos dazu. Seine Aktualität hat in der zweiten Hälfte des letzten Jahrhunderts einen bemerkenswerten Auftrieb erhalten. Der Grieche Nikos Kazantzakis schrieb 1956 das Buch »Mein Franz von Assisi«, in das er sich und die Erfahrungen seiner Zeit projizierte. Luise Rinser ist mit ihrem Werk »Bruder Feuer« (1975) ein phantastischer Wurf gelungen, ein Spiel mit der Wirklichkeit, in dem sich die Autorin mit kriminalistischem Scharfsinn auf die Spur dieses *»seltsamen Mannes«* macht. Yvan Goll hat den kunstmächtigen Maler Marc Chagall als einen *»jüdischen Franz von Assisi«* genannt, letzterem also einen zeitübergreifenden Rang zugebilligt.

All dies zeigt, dass der mittelalterliche Mönch über seine historische Rolle hinausgewachsen ist, sich zu einer Chiffre stilisiert hat, die für eine Lebensform, eine eigenwillige Existenz steht. Für manche nach Orientierung suchende Menschen womöglich ein Leitbild. Zu solcher Wirkung hat gewiss sein berühmtes Gedicht beigetragen, eine Art Hymnus auf die Schöpfung mit dem Titel »Il cantico di frate sole«, *»der Sonnengesang«*. Josef Weinheber hat dazu 1933 eine Reim-Nachdichtung geschaffen. Aus den unzähligen Vertonungen des Hymnus stechen die von Franz Liszt 1862 und Carl Orff 1954 hervor.

Wer war Franz von Assisi?

Franz von Assisi war ein außergewöhnlicher Mensch, ein Außenseiter. Aus zwei Biographien wissen wir von ihm. 1181/82 in Assisi (Umbrien) geboren als Francesco Bernardone wuchs er in einer Zeit auf, die von Wirren und Schreckensereignissen geprägt war, von Kämpfen zwischen Christen und Heiden, der italienischen Stadtstaaten untereinander, auch zwischen dem Kaiser und dem Papst. Als junger Mann ein Feuergeist, Draufgänger, Troubadour und Playboy, auch ein draufgängerischer Offizier im Krieg, ein geistgetriebener Revolutionär. Dann urplötzlich seine Wandlung. Im Innern und nach außen. Ein Erweckungserlebnis.

Gründe: Das Unheil des Kampfgemetzels, die brutalen Folgen des Krieges, die bittere Erfahrung mit Verwundeten, mit Aussätzigen. Die er mit Hingabe auf dem Schlachtfeld, auf den Krankenlagern, auf den Wegrändern betreute. Er zog sich davon zu tiefst betroffen – wiewohl vom Vater für die Übernahme seines Textilwarengeschäftes bestimmt – in die Einsamkeit zurück, wo er sich in einer Höhle der Meditation hingab und in den Landen umherziehend die Worte der Bibel den Leuten vermittelte. Dürftig angetan mit Kutte und Sandalen, auch im Winter. Was nicht ohne Wirkung blieb: Er gewann eine große Anhängerschaft vor allem von jungen Leuten, letztlich erhielt er die päpstliche Erlaubnis zur Gründung eines Ordens.

Der Text und seine Entstehung

Das asketische Leben, die Härte seines »Dienstes« für Gott führten jedoch bald zu üblen Krankheiten, die ihn mit dem Phänomen des Todes konfrontierten. Im Sterben auf einer Strohmatte liegend in der Kirche von San Damiano am Fuße von Assisi dichtete er den »*Sonnengesang*«, in dem er – mit der Kraft der Phantasie sich über seine bitter elende Lage erhebend – die Schönheit der Welt in allen ihren Erscheinungsformen pries und den Schöpfer dafür in jeder der zehn Strophen innigst mit Lob und Preis bedachte. Der Todkranke diktierte den Text. Der Hymnus ist zunächst 1224/25 in umbrischem Dialekt (dem sog. Volgare) von mönchischen Lebensgefährten aufgeschrieben, bald darauf aber von gebildeteren Ordensbrüdern ins Lateinische übertragen worden. In der lateinischen Wiedergabe hat er sich sehr bald über ganz Europa verbreitet. Die lateinische Fassung wird hier in deutscher Übersetzung wiedergegeben:

1 *»Höchster, allmächtiger, guter Herr,*
Dein ist Lob, Ruhm, Ehre und aller Preis:
Dir allein sind sie entgegenzubringen,
und kein Mensch ist würdig, Dich mit Namen zu nennen.

2 *Gelobt seist Du, Herr, mein Gott, wegen all deiner Geschöpfe*
und besonders wegen unseres ehrwürdigen Bruders Sonne,
die es Tag werden lässt und uns erleuchtet durch ihr Licht;
schön ist sie und strahlend und von großem Glanz
und von Dir, Herr, bietet sie ein Zeichen.

3 *Gelobt sei mein Herr wegen Schwester Mond und den*
Sternen, die er am Himmel erschaffen hat hell und schön.

4 *Gelobt sei mein Herr wegen Bruder Wind,*
Luft, Wolke, Heiterkeit und alle Wetterlagen,
durch die er allen Geschöpfen Nahrung spendet.

5 *Gelobt sei mein Herr wegen Schwester Wasser,*
das ganz nützlich, nachgiebig, kostbar und rein ist.

6 *Gelobt sei mein Herr wegen Bruder Feuer,*
durch das er die Nacht hell macht,
jenes ist rosig, rötlich, unbesiegbar und scharf.

7 *Gelobt sei mein Herr wegen unserer Mutter Erde,*
die uns trägt und ernährt und verschiedene Früchte
hervorbringt und buntfarbige Blumen und Gräser.

8 *Gelobt seist Du, mein Herr, wegen jener,*
die aus Liebe zu Dir Schmähungen vergeben
und geduldig Trübsal und Krankheit ertragen.
Glücklich jene, die alles in Frieden ertragen haben,
weil sie von Dir, Höchster, einmal gekrönt werden.

9 *Gelobt seist Du, mein Herr, wegen unserer Schwester*
Tod, dem kein Lebender entkommen kann.
Wehe denen, die in der Todsünde sterben!
Glücklich jene, die in der Stunde ihres Todes sich
mit Deinem Willen, Heiligster, in Einklang finden.
Ein zweiter Tod nämlich kann ihnen nicht schaden.

10 *Lobet und preiset meinen Herrn, sagt ihm Dank*
und dient ihm, all ihr Geschöpfe, mit großer Demut!«

Gestaltung und Aussage des »Hymnus«

Der Aufbau des Hymnus ist klar zu erfassen. Zehn Strophen reihen sich aneinander. Durch die kurze Einleitungs- und Schlussstrophe wird er als geschlossene, »zyklische« Einheit begreifbar. Die acht dazwischen liegenden Strophen beginnen alle mit der gleichen Formel: »*Gelobt sei/ seist du mein Herr!* (lat. *Laudetur/ lauderis, domine/ mi domine!* – ital. immer mit derselben Formel »*Laudato si, mi signore!*«). Die in der mittelalterlichen Lyrik übliche Aufteilung herrscht vor: Aufgesang – Hauptgesang – Abgesang.

1. *Strophe (Einleitungsstrophe)*

Der Aufgesang ist eine Lobpreisung Gottes, wozu alle im Lateinischen/ Italienischen möglichen Ausdrücke des Rühmens benutzt werden: laudes, gloria, honor, benedictio. Dieser Preis gilt allein dem Höchsten, den zu erwähnen, zu nennen kein Mensch würdig ist. Dieser Gott ist nur mittelbar zugänglich, zu erkennen und zu würdigen.

2. *Strophe (»Sonnenstrophe«)*

Diese »Mittel« zu Gott sind alle seine Schöpferwerke (propter omnes creaturas). Sie sind der Weg und der Grund für den Lobpreis. Diese Kreaturen, durch die/deretwegen Gott zu preisen ist, durchmustert der Dichter der Reihe nach, dem natürlichen Gestus seines Hauptes von oben nach unten folgend. Er hat zunächst – wie in der Meditation üblich – den Blick zur Höhe, zum Höchsten (lat. altissime – an der Spitze des Gedichtes stehend) erhoben. Was er mit geöffneten Augen als am höchsten stehend sieht, ist *»Bruder Sonne« (*frater Sol), die Tag und Licht bringt. Schön und glanzvoll ist die Sonne und sie trägt in dieser Schönheit eine *»Andeutung«,* ein *»Zeichen«* von Gott (tui… symbolum) an sich.

3. *Strophe »(»Mond- und Sternenstrophe«)*

Etwas unterhalb der Sonne treten *»Schwester Mond«* (soror Luna) und die Sterne (stellae) in das Blickfeld, die mit der Sonne am Himmel die Helle und Schönheit gemeinsam haben.

4. *Strophe (»Wind-Strophe«)*

Die Atmosphäre breitet sich darunter aus, deren Repräsentant gewissermaßen *»Bruder Wind«* (frater Ventus) ist, um den sich Luft, Wolken, Wolkenlosigkeit (heiteres Licht) und jedes Wetter scharen.

5. *Strophe (»Wasserstrophe«)*

Des Dichters Augen treffen, sich noch tiefer senkend, auf das *»Wasser«,* auf soror Aqua, das nützlich, sich erniedrigend/nachgiebig (humilis) und rein ist.

6. *Strophe (»Feuerstrophe«)*

»Feuer« ist das der Erde unmittelbar nächste Element, aus ihr sprühend und doch auch über ihr sich ausbreitend. *»Bruder Feuer«* (frater Ignis) wird freilich nicht als etwas Bedrohliches gekennzeichnet, sondern es ist gleichsam als Abglanz der Sonne etwas Schönes, Kräftiges und Starkes. Es ist rot, kräftig, unbesiegbar.

7. *Strophe (»Erde-Strophe«)*
Der Dichter hat seinen Kopf gesenkt; die Erde liegt vor ihm, das Unterste sozusagen, nicht Bruder oder Schwester genannt, sondern »*Mutter Erde*« (Mater Terra), weil sie alles erhält und nährt, verschiedene Früchte, vielfarbige Blumen und Gräser wachsen lässt.

8. *Strophe (»Friedensstrophe«)*
Des Dichters Blick fällt auf den Menschen, der die Erde bewohnt, der das stufenweise Gekennzeichnete als einziger, schauen, erkennen und daraus auf den Schöpfer schließen kann. Doch wird diese creatura Mensch von vornherein über die anderen Schöpfungswerke hinausgehoben. Es wird ihm als denkendem Geschöpf eine Reaktionsweise zugebilligt, die nur ihm möglich ist: aus Liebe zu Gott verzeihen, mit Geduld Krankheit und Traurigkeit ertragen und in Frieden alle Bedrängnisse aushalten.

Offensichtlich läuft der äußeren Bewegung des Blickes von oben nach unten eine innere Bewegung von unten nach oben entgegen. Sonne, Mond und Sterne sowie die vier Elemente Feuer, Wasser, Luft und Erde schaffen das Leben, das der Mensch leben kann, und zwar wenn er in der Liebe aufsteigt zu Gott und dabei die richtige Haltung gewinnt: Versöhnlichkeit, Geduld und Friedfertigkeit. Hier ist das Zentrum des Hymnus erreicht.

Solche Menschen werden von Gott gekrönt werden: coronabuntur/ sirano incoronrati. Und insofern, nicht als geschaffene Teile des Kosmos, sondern als in einer besonderen Weise zur Nähe des Schöpfers aufsteigende Wesen werden sie über alles andere hinausgehoben, können sozusagen *»die Krone«* (corona) der Schöpfung sein. Im Komplex der Werte, auf die sich der Mensch als moralisches Wesen verpflichten soll, steht gewiss pax, *»der Frieden«*, an oberster Stelle.

9. *Strophe (»Todes-Strophe«)*
Der Tod ist der unsichtbare, aber immer gegenwärtige Teil des Kosmos. Auch ihn »erblickt« der Dichter und auch durch ihn preist er Gott. Er unterscheidet den körperlichen und den seelischen Tod. Während dem Tod des Körpers kein Lebender entgehen kann, ist für den, der sich innerlich zu Gott erhoben hat, sich in Übereinstimmung mit dessen Willen weiß, der zweite Tod keine Gefahr: non poterit nocere …

10. Strophe
Der Hymnus ist zyklisch angelegt. Der Preis am Anfang wird im Abgesang wieder aufgenommen, allerdings als Aufforderung. Und er wird ergänzt durch den Anstoß an alle Geschöpfe zu Dank und Dienst jenem Gott gegenüber, in Niedrigkeit und Demut: cum magna humilitate.

Bedeutung des »Sonnengesangs«
Mit vier Fragen lässt sich vertieft verstehen, welche Aussageabsicht dem Hymnus zugrunde liegt und welcher literarischen und spirituellen Energie seines Schöpfers der »Sonnengesang« seine bleibende Aktualität verdankt.

1. *Welche Seite des Lebens bleibt ausgeblendet? Welche Grundstimmung herrscht deshalb vor?*
Der Hymnus zeigt in den Strophen, die den Makrokosmos beschreiben, kein einziges negatives Wort. Nichts zielt auf Peioratives. Das Bedeutungsfeld des Gefährlichen, Beängstigenden, Bösen ist nicht angesprochen: auch nicht bei den Phänomenen, denen von altersher der Nimbus des Zerstörerischen anhaftet, nicht beim Wind, der zum alles mit- und zerreißenden Sturm, zum Orkan werden kann, nicht beim Wasser, das sich zum überschießenden Strom, zur turmhohen Woge wandeln kann, in der oft genug Häuser, Menschen, Schiffe versinken, nicht beim Feuer, das – bei Gewitter etwa – in der Gluthitze

des Brandes vernichtet, was sich ihm in den Weg stellt, nicht bei der Erde, die sich in mächtigem Beben, auch im Vulkanausbruch alles zerstörend aufreißt.

Worauf aber will der Gesang aufmerksam machen? Wörter des Guten, Schönen, Strahlenden, Heiter-Feurigen, des Wachsens und Gedeihens herrschen vor. Für den Dichter sind die Elemente der Schöpfung etwas Vertrautes, Verwandtes, Bruder, Schwester, Mutter – Wesenheiten also, über die er in eine liebende Beziehung zur Gottheit gelangt. Gilbert K. Chesterton dazu: *»Für uns sind die Elemente wie Herolde, die uns im Waffenrock und mit Trompeten verkünden, dass wir uns der Stadt eines großen Herrn nähern, er aber begrüßt sie mit einer alten Vertraulichkeit, die fast an Leichtfertigkeit grenzt. Er nennt sie seinen Bruder Feuer und seine Schwester Wasser.«* Die Grundstimmung im »Kosmos«, in der *»schönen Ordnung«* der Schöpfung ist »Harmonie«.

2. *Worin liegt das Glück des Menschen? Welche Bedingungen muss er erfüllen?*
Das Glück des Menschen liegt im »Sich-Fügen« in den geordneten Zustand der Welt. Die Harmonie des Makrokosmos soll auch den Mikrokosmos mitumgreifen. Manifest wird diese Einheit in der Übereinstimmung des Menschen mit dem Willen Gottes. Diese bedingt eine moralische Entscheidung. In den Strophen, die den Menschen betreffen (8 und 9) begegnen auch negative Ausdrücke *»Schmähungen«* (offensae), *»Trübsal«* (tribulatio), *»Krankheit«* (infirmitas), *»Sünde«* (peccatum). Der Mensch kann sich verstricken in Schuld, kann in Krisensituationen kommen. Aber als moralisches Wesen hat er die Chance, dem Anspruch der Harmonie genügend, sich davon freizuhalten und sein Schicksal in Geduld und Friedfertigkeit zu ertragen. Die strahlende Helle der Sonne, die von Anfang an das Gedicht durchglüht, die in der Feuer-Strophe in fast gleicher Intensität wieder aufgenommen wird, dringt auch in die Strophen, die dem Menschen gewidmet sind, der bei aller Hinfälligkeit die Schönheit der Welt freudvoll erfahren kann.

3. *Wie ist vor diesem Hintergrund Krankheit und Tod bewertet?*
Krankheit und Traurigkeit gehören existentiell zum Menschen wie auch der Tod. Doch sie sind durch moralische Kraft, die aus der Erkenntnis der guten Schöpfung und des schöpfenden Gottes kommt, zu überwinden. Ihre Überwindung wird als Glück erfahrbar: *»glücklich jene, die …«* (beati illi, qui …). Krankheit und Tod sind »Aspekte« des Lebens (als seine Schwächung bzw. als sein Ende). Der Tod ist deshalb begriffen als eine Funktion der Ordnung in der als sinnvoll anerkannten Welt, er ist ein integrierender Teil des Kosmos, der sich im Werden und Vergehen unaufhörlich erneuert. Kein lebendes Wesen kann ihm entgehen. Insofern bewährt sich der Tod als eine Macht, die den Menschen in den Kreislauf der Natur einordnet. Er stiftet Harmonie, wohlgefügte Ordnung. Der Mensch ist diesem Tod unterworfen, aber nicht total, nur mit seinem Körper. In solcher Einsicht liegt für den christlichen Dichter der archimedische Punkt seiner optimistischen Welt-Sicht. Der Mensch als animal morale kann den *»zweiten Tod«* durch Haltung unschädlich machen.

4. *Inwiefern spiegelt sich das Schicksal des Franziskus im »Sonnengesang«?*
Den Lobgesang auf die Sonne hat Franziskus nicht in einer Hochstimmung des Gefühls gedichtet, etwa an einem schönen Frühlingsmorgen. Er ist nach einhelligem Zeugnis aus Krankheit, aus dem Gefühl menschlichen Scheiterns heraus erwachsen. Sein Signum ist das Trotzdem. Und darin bricht etwas vom *»Feuergeist«* durch, der Franziskus von Jugend an war und als welcher er sich dem Schöpfergott zuwendet und als welcher er sich selbst als Schöpfer des Hymnus von eben solchem strahlenden Feuer erhellt zeigt. Im Anblick des Kosmos, der ein Symbolum des Gottes trägt, vermag er seine Not auszuhalten, mit Versöhnlichkeit, Geduld und Friedfertigkeit. Der Mann aus Assisi fühlt sich als Teil der Schöpfung, der er in allen ihren Erscheinungsformen, also auch in seiner eigenen Gebrechlichkeit – eben weil er eine Hoffnung hat – leidenschaftlich zugetan ist.

Seine, wie man gesagt hat, »*seraphische Freude*« über »*das Schauspiel der sichtbaren Welt*«, die ihn auch und gerade in der Not trägt, ist ihm vorgegeben in biblischen Bildern, die nicht ohne Einfluss auf ihn geblieben sind, nämlich in den kosmischen Lobgesängen der Hebräer, etwa im Gesang der Jünglinge im Feuerofen: »*All ihr Werke des Herren … preiset den Herrn, preiset den Herrn, Sonne und Mond, preiset ihn, Sterne am Himmel …!*« Die Aufforderung am Ende, gerichtet an alle Kreaturen, zum Preisen, Dienen und Danken erfüllt zu allererst Franziskus selbst. Die Schlusswendung cum magna humilitate mag sogar doppelsinnig sein, insofern sie neben der Bedeutung »*mit großer Demut*« auch den Sinn »*in großer Erniedrigung*« (die er persönlich auf dem Krankenlager erfährt) mitschwingen lässt. Wobei man die auf den Gegensatz angelegte Korrespondenz zum ersten Wort des Liedes sehen muss: Altissime … cum magna humilitate. Der Hymnus ist wohl auch eine Confessio vitae.

Die Ausstrahlung des Hymnus-Dichters

Die humanistische Substanz des »Sonnengesangs«, die die Antworten auf die gestellten Fragen offen legten, lässt spüren, warum er über die Zeiten hin zunehmende Aktualität gewonnen hat. Gerade im 20. Jahrhundert ist er, wie bereits angedeutet, von literarischer und gesellschaftspolitischer Bedeutung geworden.

Luise Rinser hat 1975 ihren Franziskus-Roman »Bruder Feuer« genannt, den Titel aus der Feuerstrophe des Gesangs entnehmend. Sie versteht ihr Werk als das »Tagebuch eines Zeitungsreporters«. Mit journalistischem Spürsinn macht sich der Protagonist auftragsgemäß auf die Suche nach dem rätselhaften Mann, um zu erforschen, ob er ein Heiliger oder Verrückter ist. Das Nachforschen misslingt. Trotz allen Fragens am Ort seiner Herkunft. »*Der unheimliche Mann*« bleibt verborgen. »*Leb wohl, Stadt des frommen Wahnsinns!*« So die letzte Eintragung im »Tagebuch«. Sie zeigt die Resignation der modernen Literatin an, dem mittelalterlichen Mönch auf die Spur zu kommen. Das bedauert Rinser. Was mit dem Reporter letztendlich geschah, das hätte sie vor allem gerne von den jungen Lesern erfahren, denen ihr Buch zugedacht ist.

Im Roman des Griechen Nikos Kazantzakis »Mein Bruder Franz« (1956) erhält der »Sonnengesang« eine werkimmanente Funktion. Der moderne Literat, ein »Feuerkopf«, ein unruhiger, stets nach Orientierung suchender Mensch, der bald in Lenin, bald in Nietzsche, bald in Jesus seine Leitfigur sah, war von seiner Jugend an mit Franziskus gleichsam in einem seelischen Kontakt. Bei seinem dreimonatigem Aufenthalt in Assisi ist er mit dem Mönch gewissermaßen einen inneren Bund eingegangen, so dass er ein Leben lang nicht mehr von ihm loskam. Der Grieche sieht in Franziskus das »*Urbild eines kämpferischen Menschen*«, der im »Trotzdem« das Leitmotiv seines Lebens erkennt. Kazantzakis formuliert deshalb dessen Bekenntnis so: »*Nie sollst du die Grenzen des Menschen anerkennen. Durchbrich die Grenzen! Stirb als Leugner des Todes!*« In dieser Haltung, die ihm aus seiner Einsicht in die Harmonie des Kosmos zugewachsen ist, bekundet sich die »*Intensität seiner Menschlichkeit*«. So die Vermutung des Franziskus-Kenners Raoul Manselli. Dass man Franz v. Assisi zu einer Leitfigur des letzten Jahrtausends erklärt hat, hat auch darin seinen Grund.

Vermittler zwischen Antike und Gegenwart

Zu wenig hat man bislang erkannt, dass Franziskus ein eigenwilliges Bindeglied zwischen Antike und Gegenwart darstellt. Zu Beginn der europäischen Kultur stellten die Elemente der Natur göttliche Wesenheiten dar, die in den Räumen des Mythos behaust waren. In Hephaistos, Poseidon, Aiolos, Gaia präsentieren sich die Naturphänomene Feuer, Wasser, Luft und Erde den Menschen als nützlich oder gefährlich. In der mythischen Welt der Frühzeit waren sie Kräfte mit individueller Ausprägung, sozusagen personale Gestalten, zu denen man ein vertrautes Verhältnis haben kann. Die bald einsetzende Phase der »wissenschaftlichen« Erklärung der Welt entzauberte die mythischen Gestalten, indem sie Wasser, Feuer, Luft und Erde als rein materiale, dingliche Urstoffe der Welt, als Elemente bestimmt. Diese kraft »Vernunft« (logos) vollzogene Entmythisierung der göttlichen Wesenheiten, die als der Prozess »Vom Mythos zum Logos« verstanden wird, gilt als der Anfang einer naturwissenschaftlichen Welterklärung, die in den Technologien der Neuzeit und Gegenwart stets neue Höhepunkte erreicht.

Davon hebt sich das Weltverständnis des Franziskus, sein *»kosmisches Weltbewusstsein«* (Mario v. Galli) markant, ja geradezu als die Kontraposition ab. Wenn er im »Sonnengesang« beim Lobpreis Gottes von *»Schwester Wasser«, »Bruder Feuer«, »Bruder Wind«, »Mutter Erde«* spricht, so sieht er die vier Elemente der Antike nicht nur in einem vertrauten, verwandtschaftlichen Verhältnis zueinander, sondern umgibt sie mit einem feierlichen Nimbus, er taucht sie in den Glanz von *»Bruder Sonne«,* die ein *»Zeichen«* (symbolum) Gottes an sich trägt. Die Elemente erscheinen wieder ins Mythische erhöht. Weshalb man darin wohl nicht zu Unrecht einen Prozess vom »Logos zum Mythos« erkennen kann.

Diese Heiligung der ganzen Welt – Sonne, Mond und Sterne mit eingeschlossen –, in der der Mensch die *»Krone«* (corona) beanspruchen darf, verleiht der lebensspendenden und lebenserhaltenden Erde den höchstrangigen Wert, der einen vertraulichen und schonenden Umgang mit ihr einfordert. Gerade diese tiefgründende Aussage des »Sonnengesangs« hat ihn hochgradig aktuell gemacht. Franziskus erweist sich nicht nur als Prediger des Friedens unter den Menschen, er votiert auch für den Frieden mit der Natur. Man hat ihn heute nicht ohne Grund als *»den Vater der Ökologie«* bezeichnet. Einer der Protagonisten der Neuzeit im Kampf für Schonung und Erhalt der Schöpfung, Karl Friedrich von Weizsäcker (1986) stellt, vom »Sonnengesang« angeregt, fest:

> *»Es gibt keinen Frieden mit dem Menschen ohne Frieden mit der Natur. Es gibt aber ebenso keinen Frieden mit der Natur ohne Frieden unter den Menschen.«*

Den Höhepunkt in der Wirkmächtigkeit des Hymnus jenes Mannes aus Assisi stellt die Zweite Enzyklika von Papst Franziskus aus dem Jahre 2015 dar. Ihr hat der Kirchenfürst bewusst die Einleitung der zweiten Strophe des »Sonnengesanges« als Titel gegeben *»Laudato si«*. Der Schwerpunkt dieser päpstlichen Verkündigung ist der Umwelt- und Klimaschutz. Die Sorge um *»die Mutter Erde«* (Terra mater), die der Mönch aus Assisi wohl nicht ohne Absicht in das Zentrum seiner Dichtung gestellt hat, bewegt heute auch das Oberhaupt der katholischen Kirche. Der »Sonnengesang« ist nicht nur der schönste und belangvollste in Latein geschriebene und in Europa verbreitete Text. Er erweist sich auch als einer der großartigsten Botschaften menschlicher Phantasie.

LITERATURHINWEISE:

EGGER, W.: Franz v. Assisi. Innsbruck 1981.

GALLI, M.: Gelebte Zukunft: Franz v. Assisi. Luzern/Frankfurt a.M. 1977.

GOBRY, I.: Franz v. Assisi. Hamburg 1984.

GRUBER, J.: Europäische Literatur in lateinischer Sprache. Auxilia 16. Bamberg 1987.

KAZANTZAKIS, N.: Mein Franz von Assisi. Hamburg 1984.

KLOPSCH, P.: Lateinische Lyrik des Mittelalters. Stuttgart 1985.

LEGLER, E.: Lobpreis der Schöpfung Sonnengesang des heiligen Franziskus. Ulm o. J.

LEHMANN, L./PRAXMARER, B.: Sonnengesang des Franz v. Assisi.Freiburg 1985.

MAIER, F.: »Bruder Feuer. Franz von Assisis »Sonnengesang« und seine Rezeption. In: AUXILIABd. 18. Bamberg 1988.

SMOLAK, K.: Christentum und römische Welt. Auswahl aus der christlichen lateinischen Literatur. München 1984.

RINSER, L.: »Bruder Feuer«. Stuttgart 1975.

WEINHEBER, J.: Gedichte. München 1978.

WEIZSÄCKER, C. F.: »Franz von Assisi. In: Die Zeit drängt. Eine Weltversammlung der Christen für Gerechtigkeit, Frieden und die Bewahrung der Schöpfung. München/Wien 1986.

Lebenslust und Schicksalsmacht

Die Welt des Mittelalters in den CARMINA BURANA

Was muss das für ein Aufsehen erregt haben, als im Jahre 1803 in der Bibliothek des Klosters Benediktbeuren eine sensationelle Entdeckung gemacht wurde! Eine Handschrift tauchte auf, die eine Sammlung von unbekannten Liedern, zum guten Teil auch lateinischen, enthielt. Ein literaturgeschichtliches Wunder! Kleinodien waren gefunden worden, kostbar wie die Perlen an einer Kette. Es reihten sich nämlich in der Handschrift Gedicht an Gedicht aneinander, von denen bislang noch niemand etwas gewusst hatte. Für die Forscher damals ein erhebendes Gefühl. Gaben ihnen doch diese Texte den Blick frei in das »finstere Mittelalter«, in das Lebensgefühl und das Weltverständnis der Menschen im 12. und 13. Jahrhundert, in dem diese »Lieder« geschaffen wurden. Welch neue Erfahrung! Von Weltflucht und Jenseitsdenken waren deren Autoren weit entfernt. Und eben auch die Menschen, die in den *»Beurer Liedern«*, den CARMINA BURANA, beschrieben sind. Berühmt und der Allgemeinheit zugänglich geworden ist diese Entdeckung erst viel später 1936 durch ihre Vertonung durch einen bedeutenden Komponisten, Karl Orff.

Pralle Lebenslust und Hingabe an die Freuden des Diesseits treten dem Leser vor Augen. Mit *»Wein, Weib und Würfelspiel«*, dem Titel eines Buches über die CARMINA BURANA (Langosch, K. 1969), wird eine treffende Diagnose der uns über 1000 Jahre fernen Welt des Mittelalters gegeben. Diese alliterierende Trias erhellt schlagwortartig das Eigenartige im Fühlen und Denken der damaligen Menschen. Sofern der Dichter Wahres berichtet und nicht nur Botschaften der Phantasie der Nachwelt überlassen hat. Vaganten waren es, die hier am Werke gewesen sind. Also herumziehende sog. Scholaren, meist Studenten,

Dozenten, Kleriker, entlaufene Mönche, die für Unterhaltung sorgten und ihr Brot durch Vortrag der Lieder verdienten. Unter den eher oberflächlich anmutenden Trink- und Liebesliedern begegnen jedoch auch tiefsinnigere Gedichte, in denen Betroffenheit, eine Art von Ängstlichkeit zu spüren ist vor der waltenden Macht des Schicksals, die dem Menschen tiefe Wunden schlägt. Einige markante Belege seien vorgestellt.

Ausgelassenheit in der Kneipe

In taberna quando sumus,	*So wir sitzen in der Schenke,*
non curamus, quid sit humus,	*darf uns Erdennot nicht kränken;*
sed ad ludum properamus,	*nein da gilt es Kurzweil treiben*
cui semper insudamus.	*also war's und soll es bleiben.*
Quid agatur in taberna,	*Was getrieben in der Welt wird,*
ubi nummus est pincerna,	*wo geschenkt für bares Geld wird*
hoc est opus ut quaeratur;	*das ist eine nötge Frage,*
sed quid loquar, audiatur!	*darum vernehmet, was ich sage.*
Quidam ludunt, quidam bibunt,	*Hier ein Spiel, ein Suff daneben,*
quidam indiscrete vivunt,	*dort ein wahres Heidenleben.*
sed in ludo qui morantur,	*Wo des Spieles wird gepflogen.*
ex his quidam denundantur,	*sieht sich mancher ausgezogen,*
quidam ibi vestiuntur,	*klopft ein anderer stolz die Tasche.*
quidam saccis induuntur:	*Sitzt der dritt' in Sack und Asche.*
ibi nullus timet mortem,	*Wer wird um den Tod sich scheren?*
sed pro Baccho mittunt sortem.	*Nein, um Bacchus würfelt man.*

(*Übersetzung nach:* Heinrich Naumann)

Das Leben erfüllt sich in der Schenke, in der Kneipe, beim Spielen und Trinken. Leitwörter des Textes sind ludere *(»spielen«)* und bibere (*trinken«)*. Das Spiel, gemeint das Glückspiel, wirkt wie ein Zauber auf alle; man rennt hinzu, schwitzt dafür. Wie im Rausch, eben noch gesteigert durch den Weingenuss, schert man sich um nichts anderes, selbst nicht um den Tod. Alles *»setzen sie aufs Spiel«* (mittunt sortem).

Die einen werden dabei durch Verluste nackt ausgezogen, andere, die gewinnen, neu eingekleidet, wieder andere sitzen, da sie alles verloren, in Sack und Asche. Man vergisst sich selbst in dieser Sucht, fühlt sich in der Menge der Mitspieler und Zechbrüder aufgehoben, gleichsam in eine Sphäre der lockeren, lüsternen Bedenkenlosigkeit entrückt, an der offensichtlich die ganze Welt teil hat. All dies ist Bacchus, dem Gott des Weines, zu verdanken.

Bacchus und des Weibes Lust

Bacchus mentem feminae	*Bacchus pflegt des Weibes Sinn*
solet hic lenire,	*an Ort und Stelle zu erweichen,*
cogit eam citius	*zwingt sie gar recht schnell*
viro consentire.	*dem Mann sich ganz zu fügen.*
Istud vinum, bonum vinum,	*Dieser Wein, ein guter Wein,*
vinum generosum,	*ein Wein von edler Güte,*
reddit virum curialem	*macht selbst den frommen Mann*
probum, animosum.	*tüchtig und verwegen.*

CB 132

Bacchus ist es, der im Wein Amor, dem Sohn der Liebesgöttin Venus, Feuerkraft verleiht und ihm hier wie dort zum Sieg verhilft; er lässt auf der einen Seite dem Mann, selbst dem frommen, *»im Kirchendienst stehenden« (*curialis), die Adern feurig in Sinneslust erglühen und macht auf der anderen Seite dem Weib den spröden Sinn weich, nimmt ihr den Widerstand, zwingt es, dem Mann gefügig zu sein. Bacchus ist so etwas wie der Vorkämpfer, der Wegbereiter der Venus. Durch beide summieren sich Wein und Liebe zu ekstatischem Rausch.

Frühling – Erwachen der Natur und der Liebe

Rauschartige Begeisterung schlägt dem Leser auch und noch weiter ausholend entgegen in einem der berühmtesten (auch von Orff vertonten) Gedichte der Carmina Burana; in ihm steigert sich das bisher in den Liedern erfasste Lebensgefühl zu einem Höhepunkt:

Ecce gratum
et optatum
ver reducit gaudia,
purpuratum
floret partum.
Sol serenat omnia,
iamiam sedant tristia!
Estas redit,
nunc recedit
Hyemis sevitia.

Sieh! Der holde
und ersehnte
Frühling bringt zurück die Freuden.
Purpurrot
blüht die Wiese.
Alles macht die Sonne heiter.
Weiche nun die Traurigkeit!
Sommer kehrt zurück,
fliehen muss nun
des Winters Strenge.

Iam liquescit
et decrescit
grando, nix et cetera,
bruma fugit,
et iam sugit
Ver Estatis ubera
illi mens est misera
qui nec vivit
nec lascivit
sub Estatis dextera.

Nun schmilzt hin
und schwindet Hagel
Schnee und alles andere.
Der Winter flieht
und schon saugt
der Frühling an des Sommers Brüsten.
Der hat einen armseligen Sinn,
der nicht lebt
und ausgelassen liebt
unter des Sommers Herrschaft.

Gloriantur
et letantur
in melle dulcedinis,
qui conantur,
ut utantur
premio Cupidinis;
simus iussu Cypridis
gloriantes
et laetantes
pares esse Paridis!

Es prangen
und schwelgen
in Honigsüße,
die's versuchen,
dass sie greifen
nach Cupidos Lohn.
Auf Cypris' Geheiß
wollen prangend
und schwelgend
dem Paris wir es gleichtun!

CB 143

Das Gedicht setzt mit seinem emotionalen Impetus an der Schnittschnelle des Jahres zwischen Winter und Frühling ein und lässt das hier aufbrechende Lebensgefühl der Menschen in seiner ganzen Intensität spüren. Der Winter war im Mittelalter eine Zeit des Überlebens. In den Burgen und Häusern hat die frostige Kälte den Bewohnern elendiglich zugesetzt. Wärme holte man sich am ehesten aus *»den Fässern der Schankwirte«*. Schnee, Hagel, die Strenge des Winters waren kein Anlass zur Freude und Ausgelassenheit. Öde draußen in der Natur und Traurigkeit im Innern des Herzens herrschten vor. Erst der Frühling bringt die Wende, lässt alle Not des Winters schwinden.

Gleichsam mit einem Freudenschrei der Befreiung setzt das Gedicht ein: Ecce gratum et optatum! *»Sieh! Angenehm und willkommen«* bringt der Frühling die Freuden zurück, purpurfarben blüht die Wiese und alles macht die Sonne heiter. Wer nicht mit der Natur auflebt, sobald der Frühling an des Sommers Brüsten saugt, der hat einem *»armseligen Sinn«* (mens misera). Nun nämlich ist die Zeit *»zu leben«* (vivere) und *»ausschweifend sich der Liebe hinzugeben«* (lascivire). *»Der Frühling in seiner Schönheit ‹…› bildet den Rahmen für die Weckung erotischer Empfindungen«* (Rainer Nickel). Die *»Honigsüße«* ist die Metapher für den Liebesgenuss; damit wird emotional eindringlich das Erleben der Liebe als *»Prangen und Schwelgen«* (gloriari et laetari) verdeutlicht. Was die, die sich dafür begeistern, erhalten, ist der Lohn der Cupido, also der Leidenschaft, des Liebesgottes Amor (gr. Eros).

Der Freudenschrei am Anfang geht am Ende in einen ermutigenden Aufruf, einen Hortativ, über: »Simus iussu Cypridis …« *Wollen wir es auf Befehl der Cypris*, der auf Cypern geborenen Aphrodite, also der Göttin Venus, dem Paris gleichtun, dem trojanischen Königssohn, und – so denken die mittelalterlichen Hörer unwillkürlich weiter – von Liebe berauscht die schöne Helena aus Griechenland rauben. Im Erleben einer neu aufbrechenden Natur erfasst den Sänger die Euphorie des Liebesverlanges. Im klassischen Liebespaar von Paris und

Helena gewinnt die geschaffene Stimmung konkrete Anschaulichkeit, gewissermaßen ihre Personifikation.

Bacchus (Dionysos) und Venus (Aphrodite, die Zeus-Tochter) sowie Amor (Eros) und Cupido, dazu Paris und Helena – ein Gutteil des erotischen Personal-Tableaus des antiken Götterhimmels mit samt seinen irdischen Repräsentanten – wie konnten gerade sie zu beherrschenden Mächten im Mittelalter werden, in einer fremden Welt, die von ganz anderen Vorstellungen, Werten und Prinzipien geprägt war? Wie ist der antike Mythos, in dem diese Gestalten zu Hause sind, in die Köpfe der Menschen jener Zeit gekommen? Wo doch zwischen der Spätantike und dem Mittelalter die dunklen Jahrhunderte der Völkerwanderung lagen, die die antike Literatur in den Schlund des Vergessens versinken ließ. Gewiss lagerten ein Großteil davon in der verborgenen Abgeschiedenheit der neu gegründeten Klöster, denen mit Recht das Verdienst zukommt, dass sie sich *»die Bewahrung der geistigen Tradition der Antike zur Aufgabe setzten«* (so Hartmut Leppin, Das Erbe der Antike, 255).

Ovid – poetischer Superstar des Mittelalters

Aber wie konnte eine Dichtung, die den im Mythos verfestigten Lebenskult der Antike darstellte, im Mittelalter »vorbildlich« für eine weit um sich greifende Bewegung werden, die zum Geist der Zeit im schärfst möglichen Widerspruch stand? Wer war der Schuldige, von dem eine solche Inspiration ausging? Auch das steht ausdrücklich in einem der CARMINA BURANA, nämlich im berühmten Trinklied: Meum est propositum in taberna mori *(CB 191).* Hier meldet sich der dem Saufen und Essen verfallene Dichter selbst zu Wort. Am Ende manifestiert sich sein künstlerisches Credo in drastischen Worten:

Meum est propositum in taberna mori ‹…›
(ab Strophe 7)

»Ich trinke, indem ich Verse dichte, guten Wein,
und solcher Wein, den die Fässer der Wirte ganz rein

haben, erzeugt eine Fülle von unterhaltsamen Worten.
Mir wird niemals der Geist der Dichtkunst gegeben,
wenn nicht vorher der Bauch gut gesättigt worden ist.
Wenn in der Burg des Hirns Bacchus herrscht,
dann bricht in mir Phoebus Apollo los und sagt Wunderbares.
Solche Verse mache ich, wie der Wein ist, den ich trinke.
Nichts kann ich machen, wenn ich nicht gegessen habe.
Gänzlich nichts bedeutet, was ich nüchtern schreibe,
nach dem Becher aber werde ich den Naso übertreffen.«

‹…› (aus: CB 191)

Mit vollem Bauch und im Vollrausch übertreffe er, so der Dichter, den Naso. Da steht der Name des Schuldigen. Publius Ovidius Naso, offensichtlich unter den Leuten damals so bekannt, dass allein schon das cognomen *»Naso«*, quasi als »Spitznamen«, genügte. *»Die Tatsache, dass der Dichter Ovid namentlich nennt, ist Beweis dafür, dass er sich bewusst an diesem seinen literarischen Vorbild misst.«* (Heinrich Krefeld, 209)

Ovid, das enfant terrible der beginnenden Kaiserzeit, war zum poetischen Superstar des Mittelalters geworden – geradezu ein Paradoxon der Geschichte. War er es doch, der durch seine Liebesdichtung, sein Büchlein der *»Ars amatoria«* in Rom Furore machte und Augustus, den moralischen Saubermann auf dem Kaiserthron, in solche Rage brachte, dass er den Mann sein Leben lang an das Ende der Welt verbannte und so von der zur Besserung aufgerufenen Gesellschaft der Großstadt fernhielt. Was bekanntlich die Verbreitung seines eroto-didaktischen Opusculum beförderte, so dass es zur »Pflichtlektüre« der römischen Jugend avancierte. Die Ars wurde gewissermaßen das Kamasutra des Westens. Auch als das Christentum in Rom und Reich allmählich zur beherrschenden Religion wurde, blieb das ganz und gar unchristliche »*Handbüchlein der Liebe*« ein Stück der beliebtesten Literatur.

Warum aber entkam gerade dieser »Antichrist« Ovid den dicken Mauern der die antike Literatur verbergenden Klöster? Warum durchstieß ein verfemter Liebeslüstling wie Ovid die Brandmauer eines mehrere Jahrhunderte dauernden Kulturstillstandes, so dass er jenseits derselben eine geistige Revolution auslöste? Eine ganze Epoche wurde ja nach ihm benannt: die aetas Ovidiana, *»das Zeitalter Ovids«*. Diese Fragen haben eine geradezu kriminalistische Dimension. Ihre Lösung ist allerdings so einfach wie sensationell. Schuld daran ist *»ein kleines Büchlein«*, ein libellus, das – im 3./4. Jh. n. Chr. verfasst – 57 wohlgemerkt moralische Sinnsprüche enthielt und nach dem römischen Urvater der Sittenstrenge Cato den Titel *Dicta Catonis* trug. Dieses Büchlein, das in der Spätantike zur *»enorm verbreiteten Schullektüre«* gehörte, enthielt eine folgenschwere Sentenz:

»Si quis amare libet	*»Wenn jemand gerne lieben*
vel discere amare legendo,	*oder durch Lektüre lieben lernen will,*
Nasonem petito.«	*soll er sich an den Naso wenden.«*

In diesem Satz steckte der Teufel. Offensichtlich hat er sich in den Köpfen der Klosterschüler so festgesetzt, dass man den Naso (das cognomen genügte auch da schon, um den Mann zu identifizieren) zum Hauptgegenstand der Schullektüre machte. Ovid ging auf wie ein Stern, setzte sich in den Köpfen fest, so dass der in seinem Werk fassbare *cultus Romanorum*, der Lebensstil zumal der Hauptstadt Rom, Modellcharakter für die mittelalterlichen Menschen bekam. Das Leserpublikum Ovids fand sich damals *»in allen Ländern des westlichen Abendlandes«*. Ovid wurde zum Vorbild, man ahmte ihn überall nach. Seine Dichtung war Impulsgeber gerade für die CARMINA BURANA. Auf Schritt und Tritt spürt man darin seine Wirkungsmacht.

Verantwortlich für die weite Verbreitung der Lieder waren die Vaganten, gut gebildete Männer, Lateinkenner, gewissermaßen *»die geistige Elite des damaligen Europa«* (Heinrich Naumann). Der Brand, den das Feuer in der Vagantendichtung erzeugte, griff offensichtlich weit um sich, es erfasste, Grenzen überschreitend, die Länder Europas. Die geistige Bewegung, die von ihr ausging, war durchaus nicht ohne Dynamik. Sie hatte revolutionierende Sprengkraft. Was bedrohte sie? Etwa die etablierte Institution der Kirche? War sie gar ein Gegenmodell zum gängigen allumfassenden Weltverständnis des Mittelalters? Waren die Vagantenlieder ein beabsichtigter Affront gegen eine verfestigte Tradition? Ausgelassene, lustbetonte Diesseitsfreude gegen eine Gläubigkeit, die im Jenseits »das *»höchste Ziel der Glückseligkeit«* erreichbar sah, exzessive Lebensgier gegen asketische Weltflucht? Petrarca, der kurze Zeit später lebende Dichterstar Italiens, ein Freund der Antike, aber auch ein Mann der Kirche mit niederen Weihen, ließ an Ovid, der Lichtgestalt in der düsteren Welt des Mittealters, kaum ein gutes Haar.

Sein Urteil lautete:

> *»Jener scheint mir durchaus ein Mann von großem Talent gewesen zu sein, aber zügellos und weibstoll, den der Verkehr mit Frauen so ergötzte, dass er darin das höchste Ziel seiner Glückseligkeit setzte.«*
> *(De vita solitaria)*

Glück und Schicksal am drehenden Rad

Ist schon in den Trink- und Liebesliedern untergründig zuweilen eine defaitistische Stimmung spürbar, die man mit Rausch und ausgelassener Heiterkeit überspielte, so tritt die Bedenklichkeit im Hinblick auf Glück und Lebenssinn in den Fortuna-Liedern offen zutage. Der Mensch ist dem Schicksal unterworfen. Er fühlt sich ein Leben lang in dessen unerbittlichen Zwang genommen, so als hätte er eine Strafe abzubüßen. Man hat im späteren Mittelalter das Leben des Menschen mit dem Schicksal des Sisyphus gleichgesetzt, das sich im tagtäglichen Hinaufrollen des Felsbrockens auf den Berg als sinnlos erweist. Das Menschenleben wurde gleichsam als Strafe empfunden. *»Sisyphos ist der sterbliche Mensch.«* (Sisyphus mortalis homo est). So heißt es in einem Emblemgedicht aus jener Zeit. Wie hier ist in den CARMINA

BURANA kein individueller Mensch angesprochen. Es geht um den Menschen schlechthin. Lässt das Bild des Sisyphos nicht auf eine Sinnkrise des Menschen damals schließen?

Nur vor dem angedeuteten Hintergrund lassen sich die beiden sog. Fortuna-Gedichte in den CARMINA BURANA angemessen verstehen, die Carl Orff in prachtvolle Musik umgesetzt hat. Schon der im 13. Jh. tätige Sammler der Vaganten-Gedichte muss diesen Liedern eine Leitfunktion zugewiesen haben. Zeigt doch das Titelbild der Handschrift das »Rad der Fortuna«, das in diesen beiden Carmina eine zentrale Rolle spielt. Da tritt dem Leser ein ganz anderes Lebensgefühl entgegen. Kein Firnis einer daseinsfrohen Lebenslust ist hier aufgetragen, die nackte Wahrheit wird uns zwar bildhaft, aber unmittelbar vergegenwärtigt. Beide Gedichte handeln vom Glück als einer Macht, wie sie uns in der Zeit des antiken Hellenismus in der Gestalt der Göttin Tyche entgegentritt (Hubert Brumberger, 1993), als unerbittliches und von menschlichem Denken und Handeln unbeeinflussbares Schicksal, im Lateinischen mit Fortuna wiedergegeben.

Erstes Fortuna-Gedicht

Das erste Gedicht setzt mit dem klagenden Anruf: *O fortuna!* ein. Ihr Wesen wird gewissermaßen mit dem »Aggregatzustand« sowohl des Mondes wie des Eises gleichgestellt. Beiden, Mond und Eis, gemeinsam ist das Sich-Bilden und das Sich-Auflösen, also die Veränderlichkeit ihres Zustands. Das Phänomen, das dem Menschen diesen status variabilis unmittelbar sichtbar vor Augen führt, ist das sich immer *»drehende, drehbare Rad«*, die rota volubilis.

O fortuna,	Oh Schicksal,
velut luna	wie der Mond
statu variabilis,	von veränderlicher Position,
semper crescis	immer wächst du
aut decrescis;	oder schwindest;
vita detestabilis	das grässliche Leben

nunc obdurat
et tunc curat
ludo mentis aciem
egestatem
potestatem
dissolvit ut glaciem

ist jetzt hart
und heilt dann
die Geisteskraft spielend,
die Armut,
die Macht
löst es auf wie Eis.

sors immanis
et inanis
rota tu volubilis
status malus
vana salus
semper dissolubilis
adumbrata
et velata
michi quoque niteris;
nunc per ludum
dorsum nudum
fero tui sceleris.

Monströses und
leeres Los
du sich drehendes Rad,
üble Position,
unzuverlässige Gesundheit
immer auflösbar,
überschattet
und bedeckt
du stützt dich auf mich;
um des Spieles
deiner Bosheit
trag ich jetzt den Buckel bloss.

Sors salutis
et virtutis
michi nun contraria.
est affectus et defectus
semper in angaria.
Hac in hora
sine mora
corde pulsum tangite.
Quod per sortem
sternit fortem
omnes mecum plangite!

Los des Heiles
und der Tugend
sind jetzt gegen mich.
Willenskraft und Schwachsinn liegen
immer in der Fron.
Drum zur Stunde
ohne Säumen
rührt die Saiten! –
Wie den Wackeren
das Schicksal hinstreckt:
alle klagt mit mir!

(Übersetzung: Wolfgang Schadewaldt)

Für den Dichter zählt diese durch den Vergleich veranschaulichte Veränderlichkeit zu den Negativprädikaten, die er der Fortuna außerdem zuschreibt: launisch, eitel, böse, rebellisch, verbrecherisch. Das *»drehende Rad«*, die rota volubilis, ist das Symbol des menschlichen *»Loses«* (sors*)*, es ist gleichsam *»die Lostrommel«* des Glücks. Durch sie kommt Unruhe in des Menschen Seele, sie bedrängt ihn hart. Gegen den rotierenden Zustand der Fortuna kommt menschliche *»Kraft«* (virtus) nicht an, auch nicht die des Dichters. Darum steht am Ende sein Aufruf zur Klage an alle: Mecum omnes plangite! *(»Klagt alle mit mir!«)* Dieses Gedicht ist kein Zeugnis von euphorischer Lebensfreude, eher eine Elegie über das traurig-trostlose Sosein der menschlichen Existenz.

Zweites Fortuna-Gedicht

Im zweiten Fortuna-Gedicht wird die Fortuna in gleicher Weise angeklagt, weil sie dem Dichter die Gunst entzieht, ihm Wunden in die Seele schlägt und Tränen in die Augen treibt. Sie zeigt sich abwechselnd von zwei Seiten, bald von der schönen mit der Locke auf der Stirn, bald von der hässlichen mit ihrem Kahlkopf. Dieser ihr eigene Hang zur Wechselhaftigkeit wird auch hier mit dem Bild der Fortunae rota verdeutlicht. Diesmal ist dessen Funktion noch spezieller. In der Metapher des Rades gewinnt der sich im Zeitablauf vollziehende Umschwung des Glücks, der vier Phasen aufweist, plastische Anschauung: oben, nach unten, unten, nach oben. Sein eigenes Schicksal projiziert der Dichter in das des höchsten irdischen Machtträgers, des Königs. Ihm ergeht es wie dem rex.

Fortunae plango vulnera
stillantibus ocellis
quod sua michi munera
subtrahit rebellis.
Verum est, quod legitur
fronte capillata
sed plerumque sequitur
occasio calvata.

Die Wunden, die Fortuna schlug,
beklage ich mit nassen Augen,
weil sie ihre Gaben mir
entzieht, die Widerspenstige.
Zwar, wie zu lesen steht, es prangt
ihr an der Stirn die Locke;
doch kommt dann die Gelegenheit,
zeigt meist sie ihren Kahlkopf.

In Fortunae solio
sederam elatus,
prosperitatis vario
flore coronatus
quidquid enim floreo
felix et beatus,
nunc e summo corrui
gloria privatus

Auf Fortunas Herrscherstuhl
saß ich, hoch erhoben
mit dem bunten Blumenkranz
des Erfolgs gekrönt.
Doch, wie ich auch in Blüte stand,
glücklich und gesegnet,
jetzt stürzte ich vom Gipfel ab,
beraubt der Herrlichkeit.

Fortunae rota volvitur,
descendo minoratus,
alter in altum tollitur,
nimis exaltatus
rex sedet in vertice –
caveat ruinam!
Nam sub axe legimus
Hecubam reginam.

Fortunas Rad, es dreht sich um;
ich sinke, werde weniger.
Den anderen trägt es hinauf:
gar zu hocherhoben
sitzt der König auf dem Grat:
Er hüte sich vor dem Falle!
Denn unter dem Rade lesen wir:
»Königin Hecuba«.

(Übersetzung: Wolfgang Schadewaldt)

Der König sitzt zuerst oben auf dem Thron, *»von Blumen bekränzt«* (flore coronatus), *»glücklich und selig«* (felix et beatus), dann im Sturz nach unten fallend, an Macht und Ruhm verlierend, während auf der Gegenseite andere nach oben getragen werden, schließlich unter der Achse des Rades liegend wie einst Königin Hecuba, die Gemahlin des mächtigen Trojanerkönigs, die nach der Zerstörung der Stadt in die Sklaverei verschleppt worden ist.

Im Bild des Glücksrades, das dem Codex vorangestellt ist, sind diese vier Schicksalsphasen in markantem Latein notiert: regnabo – regno – regnavi – sum sine regno (*»ich werde herrschen, ich herrsche – ich habe geherrscht – ich bin ohne Herrschaft«)*. Der Mensch, selbst der mächtigste, unterliegt bedingungslos der Macht des Schicksals. Das Bild des Schicksalsrades freilich symbolisiert nachweislich bereits in der frühen Antike die Tragik von Aufstieg und Fall des Menschen. Hier ist zweifellos Melpomene, die Muse der antiken Tragödie, mit am Werk. Wie überhaupt sich griechische Antike und europäisches Mittelalter *»in dieser trotzigen und doch fatalistischen Auffassung des Daseins begegnen«* (Karl Schuhmann).

Die CARMINA BURANA wären nach ihrer Erforschung durch die Wissenschaft zweifellos in den Bibliotheken der Universitäten und Klöster kaum beachtet verschwunden, hätte sich nicht Karl Orff ihrer angenommen. Seine kluge, ausgewogene Auswahl von Liedern und deren von vitaler, *»energie-geladener Melodik«* (Karl Schumann) getragenen Vertonung verschaffte gleich nach ihrer Erstaufführung in Frankfurt 1937 diesen prachtvollen Kleinodien des Mittelalters internationales Echo. Carl Orff hat die CARMINA BURANA letztlich der Vergessenheit entrissen. Sie haben weltweit Resonanz gefunden. So ist uns ein Kulturgut ersten Ranges erhalten geblieben, zweifellos ein gutes Stück europäischer Identität.

LITERATURHINWEISE:

BRUMBERGER, H.: Rota Fortunae. Versuch zur Rezeptionsgeschichte eines Bildes. In: AUXILIA 32. Bamberg 1993, 121 ff.

CURTIUS, E.R.: Europäische Literatur und lateinisches Mittelalter. Bern/München 1948.

GRUBER, J.: Carmina Burana. In: Europäische Literatur in lateinischer Sprache. AUXILIA 16. Bamberg 1987.

Fischer, C.: Carmina Burana. Die Gedichte des Codex Buranus. Lateinisch und Deutsch. Zürich/Mainz 1974.

Krefeld, H.: Die Vagantenbeichte des Archipoeta. In: Krefeld, H. (Hg.): Impulse für die lateinische Lektüre. Frankfurt a. M. 1979.

Langosch, K.: Wein, Weib und Würfelspiel. Vagantenlieder. Lateinisch und Deutsch. Frankfurt a. M. 1969.

Maier, F.: Die Macht der Venus in den Carmina Burana. Pegasus, Lehrerkommentar, Bamberg 2005.

Carmina Burana und Carl Orffs Vertonung. Weltverständnis und Lebensgefühl im Mittelalter. In: Schicksal, Glück und Lebenssinn. Lateinische Glanzlichter der europäischen Literatur. München 2011.

Meyer, O.: Der unruhige Student und das Leben von einst. Die Welt der Carmina Burana. In: Anregung 17, 1971.

Naumann, H.: Lateinische Dichtung im Mittelalter. Stuttgart 1965.

Nickel, R.: Carmina Burana. In: Höhn, W./Zink, N. (Hg.): Handbuch für den Lateinunterricht, Sek.I. Frankfurt 1987.

Schirok, E.: Carmina Burana. Lieder des Mittelalters. In: Nickel, R. (Hg.): Aditus. Neue Wege zum Latein. Lese- und Arbeitsbuch für die ersten Lektürejahre. Teil III: Lehrerhandbuch. Würzburg 1975.

Schumann, K: Die Klangwelt der Carmina Burana. In: Carl Orff. Carmina Burana. Beitext zur Ausgabe der Deutschen Grammophon-Gesellschaft. Berlin o. J.

Wilnauer, F.: Carmina Burana von Carl Orff. Entstehung, Wirkung, Text. Mainz 2007.

Nachgedanken

KI ist in allen Zeitungen, Zeitschriften, Gazetten und Werbeanzeigen präsent. Sie beherrscht die allmählich heiß laufende Debatte, an der sich Journalisten, Politiker, Philosophen, kaum aber Pädagogen beteiligen. Begeisterte Akzeptanz auf der einen, zurückhaltende Skepsis oder Ablehnung auf der anderen Seite. *»Große Chancen – Große Risiken!«* – »Jobkiller oder Heilsbringer?« Gemeinsame Erkenntnis, dass sich durch die neue Errungenschaft menschlichen Forschungsdranges vieles verändert, vieles *»umgekrempelt wird«,* auch die Bildung. Eine *»kulturelle Transformation«* ist weltweit im Gange. Welche Geltung dürfen etwa sich seit den Anfängen der europäischen Geschichte entwickelnde Traditionen noch in Anspruch nehmen? Gerade Traditionen der Kunst und Literatur? Lesestoffe, Texte z.B. werden von den KI-Menschen in Masse produziert: Sprachmodelle, Erzeugnisse eines künstlichen »Gehirns«, hinter denen keine authentische, durch Erfahrung gereifte Persönlichkeit steht. Der »Textroboter« tritt als Schöpfer auf. Er ersetzt den Menschen auf seinem ureigenen Felde, dem der sprachlichen Durchdringung von Welt und Leben, in Form des Buches, des tiefgründig angelegten und sprachlich ansprechend gestalteten Textes.

»Nur so, mit Bildung und Kultur im Medium einer ambitionierten Sprache lässt sich die Gegenwarft ertragen. Sie ist zugleich die Quelle einer Humanität, die uns auch im Leben moralisch zu leiten hat.«

So der Schriftsteller Maxim Biller (SZ 16.10. 23). Dazu taugen die Sprachmodelle der *»unheimlichen Maschinen« (*FAZ 14.5.23) nicht. Im Gegenteil. Sie sind virtuelle Produkte, die die KI-Ingenieure auf ihren *»literarischen Plünderfeldzügen«* (Arian Kreye, »Alarm-GPT. SZ 29.11. 23) aus künstlich verarbeiteten Texten herstellen, die keinerlei Bezug zur realen Welt haben und wahr und falsch nicht unterscheiden, also dem Leser keine sichere Orientierung geben können. Ihnen fehlt zudem jede existentielle Tiefe. KI-Produktionen sind keine echten Erzählungen, keine als Botschaften der menschlichen Phantasie geschaffenen Narrative. Sie spenden nicht Trost oder *»können nicht wie echte Dichtungen Leben retten«*, was der Literatur-Nobelpreisträger von 2023 Jon Fosse in seiner Dankesrede feststellt (SZ v. 8. 12.23).

Wer jedoch Bildung ernst nimmt, hält sich bei deren Vermittlung an Kultur-Traditionen. Hier nur das Beispiel einer von der Antike ausgehenden und sich im Laufe von zwei Jahrtausenden verfestigenden Tradition. An den sog. CARMINA BURANA sei es aufgezeigt. Der lateinische Dichter Ovid, der unter Kaiser Augustus lebte, ist zu einem guten Teil der Inspirator der mittelalterlichen Lieder. Auf diesen ist man aber im 12./13. Jh. erst durch die Dicta Catonis, einem Handbuch für Schullektüre aus der Spätantike (3./4. Jh. n. Chr.) gestoßen, Ein Kunstmäzen hat wahrscheinlich die Lieder im Hochmittelalter in einer Handschrift aufschreiben lassen, die allerdings bald in Verschollenheit geriet. Erst 1803 ist sie zufällig im Kloster Benediktbeuren (»Beurer Lieder«!) wiederentdeckt, gelesen und erforscht worden. Es dauerte bis zum Jahr 1936/37, wo eine Auswahl der darin enthaltenden Lieder durch Carl Orffs Vertonung zu einem allgemeinen und allseits bekannten Kulturgut geworden ist. Diese weltweit berühmten Texte sind ein Kleinod der Kultur. Jedes dieser Lieder ist eine das Dunkel des Mittelalters erhellende Erzählung.

Freilich stellt sich die Frage: Braucht der Mensch, braucht die menschliche Gesellschaft überhaupt noch solcher zu einer Tradition verfestigten Kulturgüter? Aus einer Erfahrung des Autors mag sich eine Antwort darauf ergeben. Der Fall der Mauer im lange geteilten Deutschland 1989 gilt europa-, ja weltweit als historische Wende – mit der Folge eines politischen Systemwechsels. Bereits am 23. 10. 1990 bin ich mit meiner Frau als fachpolitischer Vertreter der klassischen Fächer im Westen nach Suhl in Thüringen gefahren, wo uns an einem Gymnasium ein voller Musiksaal mit Lateinlehrerinnen und Lateinlehrer aus der ganzen ehemaligen DDR zu einer mehrtägigen Vortragsveranstaltung erwartete. Zu Beginn trat zu unserer Begrüßung der Schulchor auf. Was würden die Mädchen und Jungen uns wohl bieten? Und siehe da! Wuchtig setzte der Gesang ein. Womit? »Ecce gratum et optatum ver reducit carmina! Mit Carl Orffs Eingangslied zu den CARMINA BURANA. Überrascht, nein zu tiefst berührt nahmen wir diese Ovation entgegen. Es war, als würden die Akteure ihre dankbare Freude über die Rückkehr des Frühlings einer sehnlichst erwarteten Freiheit im energiegeladenen Rhythmus des Liedes den Gästen aus dem »Westen« und allen im Saal »entgegen« singen. Ein lateinischer Text in moderner Komposition als Willkommen-Geste! »*Nur Kultur verbindet«,* sagt Umberto Eco. Gerade hier der lebendige Beweis. Ein Dokument der Antike-Rezeption erwies sich als Kulturgut, das frei von aller Bindung an politische Vorgaben Menschen in eine gemeinsame Erlebnissphäre gehoben hat.

Trifft dies nicht im Grunde auf viele seit der Antike tradierte Texte zu? Zumal aus dem Bereich der Dichtung? Stimulieren sie nicht durch Inhalt und Form zu tiefgründigem Nachdenken über Mensch und Welt, so dass dadurch wiederum phantastische Narrative entstehen, die den Leser in zeitlich und örtlich ferne, nicht unbedingt fremde Erfahrungsräume versetzen. »*Die Wirkungskraft der Literatur und eben auch der Dichtung«* zeigt sich für Theodor Adorno *»in ihrer Antithese zur rohen Empirie«.*

Durch solchermaßen individuelle künstlerische Vergegenwärtigung von Geschehensabläufen prägte sich eine Kultur der Bildung als einer Summe von Wissen aus, die heute allein der notwendige Widerpart zu jenem Angebot der Roboter und KI-Schöpfern sein kann und soll, die den »natürlichen« Menschen wohl nicht überflüssig, jedoch zum bloßen Statisten auf der Bühne der künftigen Geschichte machen wollen. Die Kultur, allen voran die Literatur, zumal die Dichtung – auch und gerade die seit der Antike über die Jahrhunderte hin wirkmächtige – ist der Kitt, der die Wand zusammenhält, die Mensch und Maschine voneinander trennt. Mag die digitale Technologie, die KI-Maschinerie zur höchsten Macht auf dem Erdenrund aufsteigen; am Ende gilt wohl, was Salman Rushdie kürzlich bekannte (»*Mythenneuerfindung*« in SZ v. 11.9.23):

»Das letzte Wort haben nicht die Mächtigen.
Das letzte Wort haben die Erzähler.«